销售冠军修炼手记

〔日〕金泽景敏 · 著

孙颖 · 译

超 ★ 营业思考

中国科学技术出版社

· 北 京 ·

北京市版权局著作权合同登记　图字：01-2022-4004。

图书在版编目（CIP）数据

销售冠军修炼手记 /（日）金泽景敏著；孙颖译
. — 北京：中国科学技术出版社，2023.1
　ISBN 978-7-5046-9858-2

　Ⅰ.①销… Ⅱ.①金… ②孙… Ⅲ.①保险业务—销
售 Ⅳ.① F840.41

中国版本图书馆 CIP 数据核字（2022）第 203417 号

策划编辑	杨汝娜	
责任编辑	杜凡如	
版式设计	蚂蚁设计	
封面设计	仙境设计	
责任校对	邓雪梅	
责任印制	李晓霖	

出　版	中国科学技术出版社	
发　行	中国科学技术出版社有限公司发行部	
地　址	北京市海淀区中关村南大街 16 号	
邮　编	100081	
发行电话	010-62173865	
传　真	010-62173081	
网　址	http://www.cspbooks.com.cn	

开　本	880mm × 1230mm　1/32	
字　数	123 千字	
印　张	6.5	
版　次	2023 年 1 月第 1 版	
印　次	2023 年 1 月第 1 次印刷	
印　刷	北京盛通印刷股份有限公司	
书　号	ISBN 978-7-5046-9858-2/F·1072	
定　价	59.00 元	

前言 ✓

"金泽先生看起来总是在玩。"

最近，我从朋友那里听到这样的话。因为我觉得自己一直在努力工作，所以听到这样的话我感到很惊讶，甚至有些意外。不过，即使我说"没有这回事"，也不会有人相信。作为日本保诚人寿保险公司[①]的销售员，虽然我看起来总是在玩，销售业绩却一直能遥遥领先并且被大家认可，这真不可思议。

的确，最近几年，我几乎不再挥汗卖保险了，穿着西装跑业务的次数也减少了，虽然每天都能见到很多人，但和大家谈论保险的次数少了很多，因此在旁人看来，我好像总是在玩。尽管如此，非常幸运的是，还是不断有人联系我说"想买

[①] 日本保诚人寿保险公司是英国保诚集团的子公司。英国保诚集团在1848年创立，当时的公司名为英国保诚投资信贷保险公司（Prudential Investment, Loan, and Assurance Company），业务以人寿保险为主。在中国，保诚集团与中信集团合资成立了中信保诚人寿保险公司。——编者注

保险"，而且，联系我的客户基本上已经决定了从我这里买保险，我只要仔细询问客户的情况，提出适合他们的方案，就能成交。"商谈=成交"的概率近乎100%，这是非常幸运的事情。

"怎么会有这种'天上掉馅饼'的事情？"也许有人会这么想。当然，这种幸运并不是自然产生的。2012年，我在33岁的时候，从日本TBS电视台[①]离职，成为日本保诚人寿保险公司的销售员。我一边反复摸索，一边不断地积累这些幸运的事情。

当然，刚开始做销售员的时候我也很辛苦，我也曾受到强烈的"洗礼"，那就是对保险公司持否定态度的"洗礼"。我之所以离开TBS电视台，是因为我明明是靠着电视台的招牌才受人尊敬的，却自我感觉很了不起，当我意识到这一点以后，觉得这样很不光彩。于是，我想通过实行佣金制的保诚人寿保险公司来证明自己的实力。我下定决心，要成为不是靠公司的招牌，而是靠自己的力量也能活下去的人。

但是，现实并没有那么简单。失去了TBS电视台的招牌的我，有种深深的无力感。我在电视台工作的时候，只要递出名片，大家都会对我很尊敬。但是，当我递出我在保诚人寿保险公司的名片时，大家对我却没有什么好感，甚至有人露出非常

---

① 日本五大民营无线电视台之一。——译者注

明显的否定的目光看着我，好像在说："哎呀，就是个保险公司的人啊……"

虽然我已经有了一定的心理准备，但我被否定以后，内心还是无法平静。特别是之前和我关系很好的朋友对我也很冷淡，甚至拒绝和我见面，这种痛苦的经历让我很难过。

即便如此，我也只能硬着头皮前行。因为公司实行的是佣金制，所以如果不能和客户签保单，我就没有收入。为了养家糊口，我只能咬紧牙关努力。无论人们怎么否定我，无论我的自尊心受到怎样的伤害，我都只能拼命和客户约时间见面，到处奔波销售保险。但是，进公司半年后，我很快就被逼到了绝境。销售保险一般是从向亲戚或朋友推销开始的，我也是一样。一方面，有人看在人情的份上从我这里买保险，但另一方面，还有很多人排斥想推销保险的我。因为我不断地向朋友推销保险，所以我和朋友之间的关系也变僵了。而且，就算有朋友找我买保险，也没有几个人再把他们的朋友介绍给我认识。结果，过了半年要开始开发新客户的时候，我已经没有什么人可以联系了。

在外面跑业务的时候，我暂时忘了烦恼，但一天的工作结束后，当我即将入睡的时候，有很多个晚上，那种强烈的不安让我感到胃痛，甚至焦虑得睡不着觉。我陷入了低谷期，人际关系变差，孤独感越来越强烈，但我只能一味地焦虑，其他什么也做不了。

那段时间我感到很痛苦。说实话，那时我很后悔转行当保险销售员。但现在想来，我觉得当时被逼得走投无路是一件好事。因为我很清楚再这样下去就完了，所以我不得不强迫自己改变思维方式。当时，我想"算了，我还是别卖保险了吧"。当然，我作为销售员，迫切需要眼前的业绩。但是，"想卖"只是销售员的事情，与客户无关。

如果销售员一味地销售，只会让客户敬而远之，对自己产生不信任感。换句话说，因为太想卖了，所以卖不出去。比起一味地销售，让眼前的客户信任我这个人更重要。我改变了思维方式，我认为对销售员来说，比起眼前的业绩，积累"信任资产"才是更有价值的事情。因为如果能和客户建立起信任关系，让对方觉得"如果要买保险，就找金泽买"，那么当对方想买保险的时候，就会先跟我联系。或者，如果他的亲戚朋友中有需要买保险的人，他也肯定愿意帮我介绍。他们可能一年后才买保险，也可能五年后才买，甚至可能十年后才买，还有人可能永远都不会买保险。但是，这样也没关系。

总之，重要的是增加信任我的客户的基数。如果基数增加了，联系我的人肯定会增加，签单的数量也肯定会增加。我下定决心，认为只要能积累信任资产，成果（业绩）自然会随之而来。

于是，我反复摸索：怎样才能增加拜访客户的数量呢？怎样才能让客户愿意和我见面呢？怎样和客户交流才能让对方敞开心扉呢？怎样才能获得客户的信任呢？怎样才能让客户愿意给我介绍新客户呢？为了积累信任资产，我从各个方面考虑，有意识地改变自己的一举一动。

几乎没有什么事情能从一开始就进展顺利。计划、执行、观察客户的反应、进行修正。在不断重复PDCA循环[①]的过程中，我的销售思维也得到了提升。这给我带来了巨大的变化。

我进入保诚人寿保险公司的第一年，就在日本个人保险部门3200多名销售员中排名第一。入职半年后遇到的瓶颈就像一场梦。那年年末的时候，有很多客户介绍朋友找我买保险，使我的业绩奇迹般地后来居上。

入职三年后，我成为一流的人寿保险金融专业组织"百万圆桌会议"（MDRT, Million Dollar Round Table）会员基准六倍的顶尖会员（TOT, Top of the Table）[②]。在日本120万名注册寿险规划师中，每年只有大约60人获此殊荣。能够通过这

---

① 一般称为戴明环，由英语单词Plan（计划）、Do（执行）、Check（检查）、Action（行动）的首字母组成，指按照这样的顺序进行质量管理，并且循环不止地进行下去。——译者注

② 在保险行业中，TOT相当于全球寿险最高荣誉中的顶尖荣誉，必须达到MDRT会员要求的6倍。——编者注

一难关，对我来说是一件非常光荣的事情。

从那以后，我通过进一步提升销售思维，就像本书开头所写的那样，即使不用挥汗卖保险，也能继续保持高额业绩，最终取得了TOT标准四倍的成绩。

我并没有做过什么特别的事情，我做的都是任何人都能做的事情。重要的是具体行动背后的思维方式。当我遇到瓶颈、在精神上陷入低谷的时候，我就转变思维方式，从为了眼前的业绩而工作，转变成为积累信任资产而工作。通过实践彻底地打磨这种思维方式，创造出了"不销售也能卖出去""客户主动说'我想找你买'"的环境。本书将毫无保留地介绍这种思维方式。

如果正在阅读本书的你，也像以前的我一样遇到了瓶颈，我很想告诉你：现在正是机会。就像从前的我一样，遇到瓶颈的时候，正是转换思维方式的绝佳机会。当时，我切身体会到，改变思维方式，就像由不同的司机开同一辆车一样。假如我和职业赛车手开同一辆车，即使是同一辆车，只要司机不一样，车行驶的速度会完全不一样，乘客看到的窗外的风景也会完全不一样。如果思维方式改变了，世界也会随之改变。这不是一般的变化，而是质变。

如果思维方式改变了，人就会在一瞬间发生质变。相信阅读本书的各位也一定会发生同样的质变。

目录

第6章

善于运用
影响力

第 **1** 章

销售是概率论

丢掉虚假的自尊心

既然无法避免，就只能去克服

自尊心受伤，是每个销售员都要经历的"洗礼"。直截了当地说，因为销售员的地位比购买商品的客户低，所以销售员自尊心受伤是无法避免的。现实中确实会有明显看不起销售员的客户，但只能说这是没办法的事情。

自尊心受伤对任何人来说都是很痛苦的事情，但是，既然无法避免，那么我们能做的只有一件事，那就是去克服它。如果不能经受住这种"洗礼"，就无法站在销售员的起跑线上。

我成为销售员以后，也经受过强烈的"洗礼"。这在某种程度上是我意料之中的。我之所以离开TBS电视台，不是因为对电视台不满，而是因为我明明是靠着电视台的招牌才受人尊敬的，却有种自己好像很了不起的错觉。当我意识到这一点以后，觉得这样很不光彩，所以，我想通过实行佣金制的保诚人寿保险公司来证明自己的实力。

我要成为不是靠公司的光环，而是靠自己也能发光的人。虽然失去了招牌可能会被人看不起，但我下决心从谷底爬上来，成为一流的销售员。

再怎么被否定，也要让客户购买

然而，现实并没有那么简单。销售保险一般是从向亲戚或朋友推销开始的，我也是一样。我给在电视台工作时关系比较好的朋友打电话，想跟他们聊聊有关保险的事，他们总是找各种理由拒绝我。我下次再给他们打电话时，他们便不接我的电话了。特别是我离职时对我说"我一定会找你买保险"的人，我入职保险公司以后，立刻自信满满地给他打了电话，结果完全打不通，就这样和他失去了联系，我惊愕不已。可能是因为从TBS电视台离职的我，对他们来说没有交往的价值。我觉得自己作为人的价值被否定了。

初次见面的人对我的态度表现得更明显。当我递出保诚人寿保险公司名片的时候，有人会说："哎呀，就是个保险公司的啊……"我也曾参加过几个人聚餐，大家说要建一个脸书①（Facebook）的群，我也申请加入，他们却以不需要卖保险的为由拒绝了我。还有一次，通过朋友介绍，我去拜访一个年龄比我小的上班族，他露出明显不耐烦的表情，跷起

---

① 现已更名为"元宇宙"（Meta）。——编者注

二郎腿，一边抽烟一边说："你要和我聊什么？我不想买保险。"那时候我不由得想发火。

这样的故事有很多。我的自尊心每天都被撕得粉碎，那种痛苦完全超乎想象。我的内心充满了愤怒。大阪出生的我，在心里这样用关西①方言抱怨着："为什么我会遇到这种事情？我做错什么事了吗？""居然把我的号码屏蔽了……至少听我讲讲也好啊，大家的心胸都好狭窄！""只因为我是销售员就否定我的人实在太差劲了……"

现在回想起来，我觉得很惭愧，但是当时我就是这样一直在心中责怪那些（我认为）否定我的人。说实话，那时我开始后悔从TBS电视台离职了。我之前说"要成为不是靠公司的光环，而是靠自己也能发光的人"，早知道不说这种漂亮话就好了。但是，现在后悔也晚了。我不能再回TBS电视台工作了，也不能辞掉保诚人寿保险公司的工作。当时我已经结婚了，孩子还小，还有房贷要还。而且，保诚人寿保险公司实行的是佣金制，如果做不出成绩，就没有收入。就算人们认为我就是个卖保险的而否定我，我也只有一条路可走，那就是竭尽

---

① 日本关西地区是指以大阪府、京都府为中心的关原以西的地区，与关东地区（东京都、茨城县、栃木县、群马县、埼玉县、千叶县、神奈川县）相对。——编者注

所能让客户购买保险。

什么是真正的自尊心

我已经没有退路了。当我意识到这一点以后，我也只能坦诚面对自己。"我为什么会这么生气？"我这样问自己。然后，我发现了一件非常重要的事情。

当时，我觉得不管我是电视台的工作人员，还是人寿保险公司的销售员，我就是我，这一点是不会变的。尽管如此，人们还是会因为我只是个卖保险的就否定我，我的自尊心受到了伤害，这点令我无法忍受。我无法原谅这样看待我的人。但是，我突然意识到自己这样想很不光彩。我之所以感到自尊心受到了伤害，实际上只是因为被他人的评价左右了。

"不被别人认可自尊心就受伤，真的称得上是有自尊心吗？我太在意这种东西了，这样岂不是很不光彩？"想到这些，我想起了一位以前在京都大学美式橄榄球队一起挥汗踢球的同学。那位同学从大学一年级开始就一直是替补队员。

因为他不是那种性格开朗的人，所以他和喜欢热闹的我交情不是很深。但是，我总是莫名地关注他。当时人们一般只关注正式队员，而他是个完全不起眼的替补队员，但他总是表现得落落大方。他从不抱怨，比其他队员训练得更加刻苦。即使大家训练结束了，他仍然一个人满身尘土，默默地重复练习着基础动作。

我回想起他的身影，突然意识到，他拥有的才是真正的自尊心。他发自内心地热爱美式橄榄球，为了成为一名优秀的运动员而竭尽全力。他比任何人都努力，他为这样的自己感到自豪。无论他是正式队员还是替补队员，他的自尊心都不受影响。正因为如此，即使当时只有正式队员才受人尊敬，他也能毫不动摇，落落大方。

在最后一学年，也就是大学四年级的一场重要比赛中，他终于当上了正式队员，成为球队中不可或缺的存在，但他的态度丝毫没有改变。他没有自高自大，还像以前那样比其他队员训练得更加刻苦。我回想起他的样子，心想："他真是太帅了。"

于是，我想："一被别人否定自尊心就受伤，不过是徒有虚名的自尊心，我必须丢掉虚假的自尊心。"不管人们是否因为我就是个卖保险的而否定我，那都是他们的自由，和我没关系。如果人们觉得我就是个卖保险的，那也无所谓。"没错，我就是个卖保险的。"我只能这么接受。而且，卖保险的只有把保险卖出去才有价值，所以我只能尽最大努力去做。只要这种努力是无愧于心的，别人的评价就不会动摇我的自尊心。我认为这才是真正的自尊心。

在那之后，我也多次被别人否定，也经历了很多次失败。但是，我之所以能坚持下来，是因为我从做替补队员的同学身上学到了什么是真正的自尊心，这一直支撑着我不断努力。他为了成为优秀的美式橄榄球运动员，不和别人比较，也不被别人的评价影响，只是直面自己的内心，不断努力。我认为，这才是能让自己拥有真正的自尊心的唯一方法。唯有这种真正的自尊心，才能让我们变得强大。

用积极的态度去看待让自己不甘心的事情

不要被他人的评价左右

自尊心有两种。一种是通过被他人认可而获得的虚假的自尊心，另一种是通过真心付出努力而产生的真正的自尊心。别人因为我就是个卖保险的而否定我，这曾经让我很痛苦，后来我才意识到，正因为自己太在乎虚假的自尊心，所以才会痛苦。我想丢掉虚假的自尊心，获得真正的自尊心，成为不被他人的评价左右的强大的自己。但是，被人否定时，我也不打算一味地忍受。因为如果别人对自己做了不礼貌的事情，生气也是很正常的。自己恭恭敬敬地递出名片，却被对方说"哎呀，就是个保险公司的啊"，谁都会觉得这人很没礼貌。如果在我年轻的时候，我可能会说："喂，你是瞧不起我吗？"我觉得这样想很正常。对这种自然产生的愤怒视而不见或强行压制，我认为是错误的。或者说，这是不可能的。生气就是生气，如果不承认这一点，一切都会变成谎言。

重要的是不要被这种情绪左右。直接冲对方发火是不可取的，但是也不能像我以前那样，在心里愤愤不平地想："为什么我会遇到这种事情？我做错什么事了吗？""只因为我是销售员就否定我的人实在太差劲了……"一方面，这样做不利于自己的心理健康，另一方面，无论是作为销售员还是作为个人，这样做都无法让自己成长。

就算责怪别人也没什么用

这种时候，重要的是用积极的态度去"记恨"。因为对方对自己态度不礼貌而生气是很正常的，没有必要去否定这种情绪，而且我觉得记恨对方也没关系。但是，重要的是用积极的态度去"记恨"。不要愤愤不平，要把愤怒和不甘心转化为动力，让自己成长。总之，就是不要责怪别人。或者说，就算在心里责怪对方不礼貌，也没有什么意义，因为现实世界不会因此发生丝毫变化。

说白了，看不起别人的人本身也不会有所作为。若为这种人而愤愤不平，是在庸人自扰。不要做没有意义的事情。与其这样，不如把对对方的愤怒转化为动力来鼓励自己。所以，当对方对待我的态度不礼貌时，我常常会这样想："那种妄自尊大的家伙，肯定做不了卖保险的工作。他们不可能做这种对人低声下气的工作。但是，我就要在他们肯定做不了的工作岗位上，做出遥遥领先的业绩。我要成为让人们都愿意找我买保险的销售员。"

这就像在心里抽对方耳光一样，虽然可能会让人觉得有点粗暴，但我在现实中是被人看不起的一方，所以这么发泄一下不为过吧。总之，要把对对方的愤怒转化为动力，把注意力转向鼓励自己的方向。

把矛头转向自己才能成长

我认为像这样把矛头转向自己是非常重要的。在责怪对方的时候，我们内心的矛头是指向对方的，而正确的做法是把矛头转向自己。当然，没有必要责怪自己。"我要做出遥遥领先的业绩""我要成为让人们都愿意找我买保险的销售员"，像这样把注意力转向自己才是有意义的。因为通过把原本放在对方身上的注意力转向自己，就能这样问自己："为了达成目标，我该怎么做？""我现在有哪些不足？"

比如，当有人对我说"哎呀，就是个保险公司的啊"时，我非常生气，但是这件事也成为让我思考很多其他事情的契机。既然他这么说，就说明他以前接触过保险公司的销售员。而且，他的语气中明显带有鄙视的意思。也就是说，他以前接触过的销售员可能做了让他看不起的事情。那会是什么事情呢？或许，那位销售员为了讨他的欢心，给他安排了联谊，或请他吃饭。又或者，那位销售员可能一直点头哈腰地说："请从我这里买保险吧。"

虽然我不知道真相是什么，但我认为那位销售员很可能做了一些让人看不起的事情。我不想成为那样的销售员。即便通过上不了台面的方式签单了，我也会看不起自己。但是，如果不做这些事情，可能很难跟客户签单。那么，我该怎么做才好呢？怎样才能成为既能与客户建立平等关系，又能顺利签单的销售员呢？我不断深入思考。这样的思考非常促进销售员的成长。

我想通过不被任何人看不起的销售活动，成为业绩遥遥领先的销售员。为此，我想尽一切办法，逐渐建立起一套自己的销售方法。我想在本书中介绍我掌握的所有方法，其中很多都是当我因为是个卖保险的而被他人否定时，把矛头转向自己，自问自答后得出的结论。

愤怒和不甘心成为我奋进的动力。我从来没有忘记被否定的事情，我继续用积极的态度来"记恨"他人。正因为如此，我才能不断地鼓励自己"要让他们刮目相看"。但是，我并不怨恨否定我的人。因为我把对他们的消极情绪都转化成了激励自己成长的动力。现在，我甚至感谢他们让我成长。

希望大家一定要尝试一下用积极的态度来"记恨"他人。

销售是概率论

远比诀窍或技巧重要的东西

"怎么向客户展示方案？"

"怎么写提案资料？"

"成交的技巧是什么？"

过去有很多销售员向我咨询成功销售的方法，但大部分人想得到的都是上面这类关于诀窍或技巧的建议。

我刚入行的时候也是这样。每次碰到业绩好的前辈时，我都会想方设法向他们请教销售技巧。然后，我老老实实地按前辈的建议去做，在实践中不断摸索，逐渐打磨出一套属于自己的销售技巧。但是，根据经验，我可以肯定地说，要想销售工作获得成功，最重要的不是技巧。当然，技巧也很重要，但我认为技巧的重要程度只能排第二或第三。那么，要想销售工作获得成功，最重要的是什么呢？答案很简单，那就是基数，即每天、每周、每月拜访多少位客户，做了多少次销售活动。把基数最大化，才是销售工作获得成功的必要条件。

实际上，如果你问过那些为销售业绩不好而烦恼的人，就会发现他们中的大部分人每天拜访的客户基数都非常少。如果是这样，即使获得了再多销售技巧方面的知识，也肯定不会有好的业绩。相反，即使销售技巧还不成熟，能致力于拓展客户数量的销售员，也能做出好的业绩。这就是销售工作的真谛。

用不同的颜色来管理日程手账

在加入保诚人寿保险公司后，我首先注重的就是最大限度地增加拜访客户的基数。因此，在客户愿意和我见面的时间段（早上9点到晚上9点），我都在外面跑业务。我一次又一次地跟客户约时间见面，几周之后的日程表都排得满满的。其中，我最重视的是增加第一次见面的客户基数。当然，第二次或第三次约客户见面也很重要，但是，要想把客户的基数最大化，多跟新客户约时间见面是必要条件。

于是，我决定用不同的颜色来管理日程手账。在与新客户约好见面时间并在手账上记下来以后，我用黄色荧光笔做标记，第二次见面的客户用绿色荧光笔做标记，第三次见面的客户用橙色荧光笔做标记，私人行程用粉色荧光笔做标记，这样用颜色区分，一打开手账，自己的工作安排就能让我一目了然。需要特别注意的是黄色区域的面积。如果黄色区域面积太小，就意味着新客户的基数没有增加。虽然我并没有设定明确的数值目标，但我会努力将黄色区域面积维持在整体颜色面积的一半以上。

从难度低但确实能做出成果的事情开始

像这样写好日程手账以后，接下来只要按照预定计划去拜访客户就行了。白天我几乎所有时间都在外面跑业务，每天回到公司都已经是晚上10点左右了。在同事们纷纷下班对我说"辛苦了"的时候，我还要为"写销售报告书""发送和回复邮件""写提案企划书"等文书工作加班到深夜。我不擅长文书工作，也讨厌做这类事情，所以每天加班到深夜对我来说简直就是一种苦行。说实话，我很想早点回公司，在正常的上班时间处理文书工作，但是如果这样做的话，就无法把客户的基数最大化。所以，我告诉自己："因为只能在白天拜访客户，所以我只好晚上做自己的工作，加油吧。"每天晚上，我在无人的办公室里咬紧牙关，努力完成文书工作，加班到深夜。

事实证明，这样做是正确的。当时，我作为一名销售员完全是个菜鸟。现在回想起来，因为我做了一大堆没用的事情，销售技巧也不成熟，所以销售效率很低。当时，我和前辈之间实力差距很大。假设一个销售员前辈一个月拜访30位客户，能和其中的10位客户签单，那么我当时就算拜访30位客户，可能也只能和5位客户签单。

但是，即便是这样，只要我不断和新客户约时间见面，四处奔走推销，一个月拜访的客户数量如果是原来的2倍，即一个月如果能拜访60位客户，那么签单的客户数量也会是原来的2倍，也就是10位左右。因为销售工作遵循概率论，所以即使销售效率不高，只要拜访客户的量足够大，也有可能做出和前辈差不多的业绩。

实际上，我加入保诚人寿保险公司后不久，就在新人销售员中取得了非常好的成绩。这不是因为我有销售天分，而是因为我为了增加拜访客户的基数而拼命奔波。重要的是，不要一开始就想着依靠技巧来销售。因为销售工作没那么简单，不是靠临阵磨枪的技巧就能做出成绩的。但是，增加拜访客户的基数，是所有人都能做到的。所以，专注于难度低但确实能做出成绩的事情才是上策。

首先，要增加客户基数。这是成为成功的销售员的第一步。

只有实战经验才能让人成长

不通过实战积累经验进行练习，就无法得到质的提升

这个道理适用于所有事情。比如，我上初中和高中时热

衷于打棒球，想要提高球技，积累足够的量是必要条件。

首先是基础练习的量。虽然反复进行空挥杆、定位击球、自由击球等基础练习既单调又无趣，但如果选手的练习达不到一定的量，肯定无法进步。无论读过多少棒球理论书，如果不通过基础练习形成身体记忆，就没什么用。但是，如果光练习却不参加比赛，也不会有很大进步。最重要的是在实战中增加站在击球区的次数。练习和实战完全不一样。因为在实战中会紧张，想发挥出平时打球的水平都很难，而且对方投手为了不让你打中，也会使出浑身解数，球路和自由击球时完全不同。每个投手都有自己的习惯，就算同样是直球，不同的投手球路也完全不同。如果击球手不根据投手的情况调整打法，就无法打出安打。所以在实战中不可能像平时练习时打得那么好。

但是，这种实战经验非常重要。在实战中与各种各样的投手交手，有时被三振①，有时被接杀②，正是因为有这样的

---

① 在棒球比赛中，打击者经裁判判定获得三个好球后，即被三振。——编者注

② 棒球运动中，如进攻方打击手击出的球在落地前被防守方在空中截住，无论此时球在界内还是界外，此进攻队员都可以被称为"接杀"。——编者注

经历，所以才能去思考"为什么没打出安打[①]"。比如，如果没能判断好投手投球的时机，那就要研究该什么时候挥棒。带着这些在实战中发现的问题进行基础练习，球技才能得到显著提高。

真正的学习是从什么时候开始的

销售工作也是一样。积累实战经验的量，是打磨技巧最重要的环节。我在加入保诚人寿保险公司后第一个月的研修期间，认真阅读了销售指南，按照销售脚本进行情景模拟，学习提案书的写法，努力练习。我以前是个懒惰的人，上学时几乎没做过笔记，而当时我却把学到或察觉到的内容在笔记本上记得密密麻麻。我当时非常认真，但说实话，这种练习并没有起到多大作用。当然，我并不认为这是完全没用的。特别是保诚人寿保险公司的销售指南，是科学分析销售工作的优秀指南。而且，通过多次情景模拟，让销售脚本印刻在我的脑海中，也成为我销售能力的基础。但是，这些都只是理论，只是练习。过了研修期，实际做了销售员，接触了各种各样的客

[①] 安打是棒球及垒球运动中的一个名词，指打击手把投手投出来的球，击出到界内，使打者本身能至少安全上到一垒的情形。安打可分为一垒安打、二垒安打、三垒安打和全垒打。——编者注

户，我才切身体会到，实践中开展销售工作不可能完全照搬理论，也不可能完全和练习时一样。

我认为真正的学习是从这时候开始的。面对各种各样的客户，经历了各种各样的状况（就像见识了各种投手的各种球路一样），我在多次失败中问自己"为什么不顺利""怎样做才能顺利"，并对自己的言行细节进行反省，不断修正。在这个过程中，我不断打磨属于自己的诀窍和技巧。也就是说，要想掌握诀窍和技巧，就必须增加实战次数。所以，每当我白天在公司里看到努力进行情景模拟的销售员时，我就会想："为什么要把这么宝贵的时间浪费在练习上呢？"

当然，情景模拟也很重要。我在进入保诚人寿保险公司后的第一个月也拼命练习过。但是，完全没有必要在白天进行情景模拟。因为销售员只能在白天和客户见面。把宝贵的时间浪费在练习上，不是太可惜了吗？拿棒球打个比方，就像教练好不容易对你说"你可以参加比赛了"，你却说"不用了"，然后不参加比赛，继续练习挥棒一样。你当然可以练习，但还是等比赛结束后再练习比较好。

成长需要积累实战经验。最大限度地增加实战经验的量，是打磨技巧的最佳方法。

高强度工作才是最强武器

为了获得绝对的成功，只能竭尽全力

我刚成为销售员就做出了过激的决定。我决定只有周末才回家，工作日晚上我就裹着睡袋睡在公司里，这样做当然是为了最大限度地增加拜访客户的基数。如前文所述，在客户愿意和我见面的时间段（早上9点到晚上9点），我都在外面跑业务。对于像写提案企划书这样的文书工作，我只得在晚上10点左右回公司以后再加班做到深夜，但很快，我的身体就撑不住了。

如果工作到深夜才回家，睡眠时间就会进一步减少。当时我的大女儿还小，正是最可爱的时候，妻子也又怀孕了，我很想飞奔回去，哪怕只是看着她们熟睡的样子也好。但是，那样的话，我的身体就吃不消了。于是，我和妻子商量之后，决定只有周末回家，工作日就裹着睡袋睡在公司的地板上。

在这个提倡工作方式改革的时代，我这样做或许是与时代潮流背道而驰。公司的领导对我说："有干劲是好事，但公司没要求你做到这种程度，希望你能用一般的工作方式做出成绩。"周围的人也对我这种过度的干劲感到很惊讶。

但是，作为一名销售员，为了获得绝对的成功，我想竭尽全力，毫不妥协。我不想因为半途而废而后悔。妻子一开始也不太支持我，但当我认真地告诉她我的想法后，她说："你按照你想的去做吧，我会支持你的。"正因为有了她的理解，我才能付诸行动。

为什么我要做到这种程度呢？这里面有一个苦恼我多年的心理问题。我在前文中提到过，我之所以离开TBS电视台，去保险公司工作，是因为我感觉自己明明是因为在电视台工作才受人尊敬的，却有种自己好像很了不起的错觉，当我意识到这一点以后，觉得这样很不光彩。

我至今仍无法忘记让我认清这一点的那一瞬间。当时我还在TBS电视台工作，那是我参加朋友组织的聚会时发生的事。那天，和我坐同一张桌子的人中，有一位餐饮店老板。我很喜欢和大家一起聊天，当时我也成了我们那桌的中心人物，我很享受这一点。那位餐饮店老板虽然也会适当地迎合我们，但他看起来有点不高兴。在聚会快结束的时候，他对我说了这样一句话："说实话，我最讨厌像你这样的精英了。我只有初中毕业，因为学历有些自卑。但也正因为这样，我才呕心沥血，拼命地干，把公司做到现在这么大。"现场的气氛顿时变得十分尴尬。朋友中有人露出"怎么能在这种地方说这种话呢……"的表情。但是，这句话更加刺痛了我心中隐隐作痛的伤口。我不由地想："我完全输给他了。"

的确，我只是因为学历和工作单位等原因而受人尊敬的，却感觉好像自己本身很了不起。我没有像这位餐饮店老板一样竭尽全力，努力到极限。我不得不承认他的生活方式比自己好几百倍。

不要过掩饰自己的生活

我的"伤口"是在京都大学美式橄榄球队时留下的。因为我对"伤口"视而不见，放任不管，所以"伤口"没有愈合，而是持续隐隐作痛。不，其实我在TBS电视台工作时，越是被人奉承，我的"伤口"就恶化得越厉害。因为我之所以能去TBS电视台工作，靠的不是我的实力，而是京都大学美式橄榄球队的光环。京都大学美式橄榄球队的名气很大，在水野弥一教练的指导下，经过严格训练的队员，毕业后在社会各界都大显身手。正是靠着京都大学美式橄榄球队的招牌，我才能进入TBS电视台工作。

但是，我一直对美式橄榄球这项运动有一种愧疚感。当然，我一直参加美式橄榄球队的严格训练，从未请过假，也一直把"在日本大学美式橄榄球联赛中拿冠军"当作目标挂在嘴上。但是，实际上，我从来没有努力到超越自己的极限的程度。总之，我没有认真地对待过美式橄榄球。

这一点被水野教练看穿了，我心里也明白。不是不能拿日本冠军，而是我知道自己从来没有认真地以拿日本冠军为目标。为了逃避这一事实，我一直在掩饰半途而废的自己。最终，我没能拿到日本冠军，没有竭尽全力就毕业了，但还是幸运地进入TBS电视台工作。

我在电视台负责体育节目。可能是因为电视台领导认为，如果是京都大学美式橄榄球队的队员，应该能做出贴近运动员生活的好节目。这也是我的梦想，所以我非常高兴，干劲十足地投入工作中。但是，这同时也让我不得不去面对掩饰"伤口"的自己。因为运动员们每天都诚实地面对自己，不断付出超越极限的努力。进一步说，是在呕心沥血地努力。在这些真正的运动员面前，我不得不面对自己只是个冒牌货的事实，我却连这一点都要掩饰，每天都过着这样的生活。

毫不妥协，认真到底

那位餐饮店老板的话刺痛了我。如果我继续待在电视台工作，或许能在优越的环境中继续过着受人尊敬的生活，但我已经不想再因为这种原因而过着掩饰自己真实想法的生活了。我不愿意就这样凑合着过完自己宝贵的一生，我觉得这种生活方式太不光彩了。

从前，我没有认真对待过美式橄榄球，却因为自己是京都大学美式橄榄球队的而被电视台录取了；现在，我否定了这一原点，想再次从零开始认真地对待某件事情。就像那位老板呕心沥血地努力一样，我想毫不妥协地认真完成某件事情。我想无愧于心、抬头挺胸地活下去。正当这种想法越来越强烈的时候，有个京都大学美式橄榄球队的队友在保诚人寿保险公司工作，他问我要不要去他们公司工作，然后我做出了跳槽的决定："我想在公司招牌完全不起作用的人寿保险销售领域里，竭尽全力，做出遥遥领先的业绩；我想在日本一流的人寿保险销售公司——保诚人寿保险公司，做出全日本最好的销售业绩。"

所以，高强度工作正是我期望的。为了积累量，如果有必要，即使是在公司过夜，我也会去做，可以说只要是能做得到的事情，我都会去做。这才是解决我的心理问题的唯一方法。当然，我周围也有人觉得没必要做到这种程度，但这是我的问题，是我主动做高强度工作的。

因为能吃苦，所以努力的格局才变得更大

现在回想起来，我刚做销售员的时候，要求自己完成达到自身极限的高强度工作是正确的。因为在最初阶段，完成最大限度的工作量和投入的工作热情，会成为自己以后的标准。

我见过各种各样的销售员，但几乎没见过有人最初只用

80分的热情工作，后来能有100分甚至120分的热情。也就是说，最初的设定决定了一个人的工作方式。

京都大学美式橄榄球队的水野教练也经常对我说："男人的格局在30岁之前就确定了。这里所说的格局指的是'努力的格局'。要拼命努力，这样才能培养自己的格局。如果只是图轻松，格局是不会变大的。"

上学的时候我不太理解他说的话，但现在我深深地认同他的观念。上了年纪以后，能吃苦的程度肯定没法和年轻时相比。销售员也是一样。尽可能在早期阶段最大限度地完成高强度的工作，才能最大限度地提高自己的忍耐力，扩大自己的格局。

稍微超出自己极限的高强度工作会让内心变得强大

高强度工作能使人变得强大。我和保诚人寿保险公司优秀的销售员们竞争业绩时，有好几次处于劣势，但是每当这种危急时刻，我的巨大潜能就会爆发出来，让我反败为胜，因为我打心底认为"我比谁都努力工作，不可能输"。当然，如果强迫自己做高强度的工作，可能会瞬间心灰意冷。但是，自愿去做的高强度工作，能在痛苦的时候成为支撑自己内心的支柱。

我的情况比较特殊。即使我不通过住在公司这种极端的高强度工作方式，应该也能做出成绩。但是，我认为在刚入行的时候，与其追求高效的工作方式，不如要求自己完成稍微超出自己极限的高强度工作。本来就没什么工作经验，根本不知道怎么做是高效的，怎么做是低效的。做了很多低效的事情，在反复失败的过程中，逐渐摸索出高效的销售方法。如果不知道做什么是没用的，就不可能做到高效。

现在是提倡工作方式改革的时代。所以，或许有人会笑话我说"高强度工作已经过时了"。但是，想笑的人就笑吧。后来，即使我不主动销售保险，也有客户联系我说"想买保险"，形成了超高效的销售方式，这是因为在最初阶段，我竭尽全力地完成了高强度的工作。我坚信，即使从一开始就追求高效的工作方式，也只能学到半吊子的技巧。

危险的积极思维

销售是一份要习惯被拒绝的工作

销售是一份要习惯被拒绝的工作。在打电话联系客户的阶段就接二连三地被拒绝是很正常的。"您好，我是保诚人寿保险公司的金泽……"有时话还没说完就被客户挂断电话，或者被客户用明显不耐烦的语气拒绝。虽然这很痛苦，但最痛苦的是好不容易和联系好的客户见了好几次面，反复修改过提案书，眼看就要签单时，却被客户拒绝了。我也曾经历过这样的痛苦。

当然，从我做销售员时开始，我就已经预料到会被多次拒绝。正因为如此，我觉得有必要增加拜访客户的基数，住在公司里，要求自己完成高强度的工作，但实际上接二连三地被拒绝给我带来的心理伤害，远远超出了我的想象。特别是眼看就要签单时却被客户拒绝的事情接连出现的时候，我感觉自己好像被全世界抛弃了似的，眼前一片漆黑。我现在仍清晰地记得，我有好几次因为接连被客户拒绝而受到很大打击，坐在车站站台的椅子上发呆，或是站在繁华街头的道路中间发呆，又突然回过神来。这样一来，我自然对销售这份工作感到畏惧。

当时，我是通过打电话和客户联系的，所以我很害怕打电话。即使打了电话，也几乎都是被无视或被拒绝，而且即使能解决这些问题，成功签单的次数也寥寥无几。一想到这些打电话的结局，我就不禁犹豫起来。

这种情形被称为保险业的"心理障碍"，指因为害怕被拒绝而产生恐惧，导致人无法行动。我在进入保险行业前从来没听说过这个词，我觉得这个词很巧妙，用它形容我当时的心理状态很贴切。

不过，我不习惯用这个词。因为很多销售员都说"因为我有心理障碍，所以我今天没法再打电话联系客户了"。当然，我非常理解这种心情，我也不喜欢被拒绝。从这个意义上来说，我也有心理障碍。但是，即使把心理障碍当作你不工作的借口，现状也不会得到改善。这样放纵自己，最终只会自掘坟墓。因为不管有没有心理障碍，只要你不和客户联系，你就肯定不会有业绩。

所以，我把"心理障碍"这个词列为我禁止使用的词。当有人提起心理障碍的话题时，我也会适当地回应对方，但尽量避免深入话题。我也有想逃避痛苦的心情，所以为了不被情绪牵着鼻子走，我先设置了防线。但是，还有比以心理障碍为借口而停滞不前更危险的事情，那就是认为自己没有心理障碍的思维方式。也许有人说这是积极思维，但我认为这是非常危险的想法。为什么说它危险呢？因为这包含了自欺欺人的意思。大家都讨厌被拒绝，被拒绝以后会很受伤。如果一直被拒绝，不管是谁都会害怕销售工作，甚至害怕打电话。我曾经也很害怕。

我觉得想否定这种恐惧是不可能的。实际上，我见过有的销售员嘴上说"我没有心理障碍！积极思维很重要"，但因为一直过于勉强自己，某一天突然心灰意冷的样子。我不是心理学家，虽然我没法分析为什么积极思维反而会让人崩溃，但我大致明白是怎么回事。积极思维看上去是积极的，但是简单地说，这只是逃避自己容易受伤、沮丧、怯懦等弱点，掩饰自己真实的心情。不去安慰自己受伤的心灵，只是一味地勉强自己，谁都会崩溃。

销售员的铁律

所以，我一直提醒自己接受自己的弱点，我觉得没必要逞强。如果一直被客户拒绝，甚至连电话都不敢打了，就承认自己"真的好害怕啊……不想再打电话了"。然后，告诉自己："如果一直被拒绝，谁都会害怕，我也是这样。这是没办法的事情。"重要的是接下来该怎么办。

接下来，我又问自己："你很害怕吧？你很想逃走吧？但是，你想成为什么样的人呢？你想成为一名成功的销售员吧？你不想以后后悔吧？你想竭尽全力吧？你讨厌这样丢人的自己吧？那该怎么做才好呢？"

总之，做还是不做，要逼自己做出一个选择。答案只有一个：去做。虽然害怕打电话，但也只能去打。而且，这才是对自己好的事情。这样一想，我就能下定决心告诉自己只能去做了。但是，有时当然没那么简单。有时候再怎么告诉自己"只能去做了吧"，但还是会磨磨蹭蹭地说："虽说是这样，但是……"这种情况可能会更多，毕竟我们都是人，都有弱点，这也是没办法的事情。每当这种时候，我就会想起著名棒球运动员铃木一朗说过的那句话："我从来没把40%的打击率当成目标。"

铃木一朗有这么出色的击球成绩，他为什么没有把40%的打击率当成目标呢？因为如果他最终的打击率刚好是40%，他就不想站在击球区了。如果打的时候没有打出安打，打击率就会低于40%，谁都不想冒这种风险。因此，铃木一朗说："我想的不是打击率，而是想多打出一支安打。"

的确，如果不站在击球区，安打数就不会增加，所以站在击球区的次数越多越好。铃木一朗还有一句名言是"下一个目标是下一支安打"。也就是说，正是因为他一直站在击球区，珍惜每一次击球，才取得了如此高的成就。

只有承认自己的弱点，人才能变得强大

铃木一朗的这种思维方式，对我产生了很大的影响。或者说，当我知道铃木一朗也害怕站在击球区时，我就像获得了救赎。因为即使是成绩遥遥领先的天才击球手也害怕站在击球区，我这种平凡的业务员害怕站在"击球区"（联系客户）是很正常的。而且，销售员不要求"打击率"。拜访10位客户而拿到3份保单的"打击率"，虽然比拜访30位客户而拿到5份保单的要高得多，但拿到5份保单的销售员会获得更高的评价。

既然是这样，就不要在意打击率，还是增加站在击球区的次数比较好。像铃木一朗那样，抱着想多打出一支安打的想法，持续站在击球区就好了。每当我心情脆弱的时候，我就这样不断鼓励自己。

我觉得在保诚人寿保险公司，我的客户拜访量可能比任何人都多，被拒绝的次数也比任何人都多。正因为如此，我才能取得今天的成绩。我之所以能够做到这一点，不是因为我用积极思维来掩饰自己的内心，而是在承认自己的弱点的基础上，逼自己做出"做还是不做"的选择。人只有承认自己的弱点，才能变得强大。铃木一朗的话一直激励着我。

不要理解错"善于自主动脑思考"的意思

读经管类图书时，肯定能看到这样的话："要成为善于自主动脑思考的人。"我也认为这句话是对的。我敢肯定地说，只做别人交代的事情、等待指示的人，或完全按照指南做事的生搬硬套的人，肯定都做不出优秀业绩。但是，有一点需要注意，善于自主动脑思考不是指什么都要自己从零开始动脑思考。如果这一点理解错的话，可能会犯严重的错误。尤其需要注意的是初学者。初学者中，有人不认真听周围人的建议，也不认真学习指南，而是想用自己的方式去工作，但这样一般是做不好的。

无论做什么事，都有前人建立起来的模式（也可以说是指南）。如果无视这种模式，用自己的方式去做，会效率低下，除非是天才，否则不可能做出超越前人的成就。比如，棒球的击球姿势中有"让球靠近胸前""以最短距离打到球""用腰部扭转的力量击球，而不是用手臂的力量"等模式。这些都是自棒球运动诞生以来，经过前人长期摸索才确立的模式。然后，选手在教练的指导下，进行挥棒等严格的基础训练，让身体记住这些模式，才能取得进步。如果选手不跟教练学习前人的模式，只用自己的方式去练习，无论花多长时间，都不会进步。也就是说，一开始按照指示或指南练习，是最快取得进步的方法。

就当自己是"笨蛋"，按照模式去做

销售工作也是同样的道理。在销售员的世界里，也有前人创造出来的成功率最高的方法，也就是模式。刚入行的时候，就当自己是"笨蛋"，按照模式去做是很重要的。

我在进入保诚人寿保险公司工作后的第一个月，也按照公司推荐的销售脚本勤奋地练习。直到现在，我也能一字不错地说出里面的每句话，即使在想其他事情的时候，我也能流利地背出来。

不过，如果不能一边思考一边将销售脚本说出来，即没有形成身体记忆，达到脱口而出的程度，就没什么用。打棒球也是这样。挥棒的时候，如果一边思考接下来的每个动作一边打，肯定打不到球。努力练习，直到球飞来时，身体能够自动做出反应，才能把球打出去。销售工作也一样。如果和客户说话还要思考接下来每句话说什么，就无法从客户的一举一动中了解客户的真实想法，并做出恰当的回应。

在销售工作中，最重要的是准确地掌握客户"重视什么""对什么感到不安"，并且随机应变。也就是说，要把注意力集中在客户身上。因此，必须好好练习销售脚本的基本内容，练到不用动脑就能脱口而出。

先掌握模式，再修正模式

熟练掌握销售模式以后，才需要自己动脑思考。或者说，即使能掌握销售模式，如果销售员不自己动脑思考，只是一味地照搬，也无法成长。因为每位客户都不一样，即使按照模式说话，客户的反应也千差万别。需要根据客户的个性和情况进行调整，这部分只能自己动脑思考。

在向各种各样的客户推销、积累实战经验的过程中，有时需要重新审视原有的模式。举个简单的例子，我刚开始做销售员的时候，用电话联系客户是当时的主流，我一开始也是打电话，但过了一段时间后，几乎全部改成用邮件联系了。因为客户要想接电话，就必须停下手头正在做的事情，还要花时间说话。打电话会给客户添麻烦。比起打电话，用邮件联系能让客户在方便的时候再处理，这样做更符合客户的需求。[①]

当然，我做的不只是这些。除了把用电话联系改成用邮件联系之外，我还根据现状和客户的需求进行调整，改成了适合自己的方式。我之所以能做到这一点，是因为我在最初阶段彻底掌握了保险业界早已确立的模式。并且，我对这套模式进行了个性化改造，形成了有自己风格的工作方法。

全面模仿已做出成绩的销售员

此外，模仿做出成绩的人也很重要。比如，着装方面，我刚成为销售员的时候，读了好几本已做出成绩的销售员写的书，其中包括保诚人寿保险公司的前辈川田修先生写的《公文包要放在手帕上》。我按照书里推荐的方式穿衣打扮：藏青色西装配白衬衫，黑色皮带配黑皮鞋，手表是黑色表带配白色表面，发型是下短上长……虽然这未必符合我的喜好，但是没关系。如果这是做出成绩的销售员的着装风格，我愿意全面模

---

① 在日本，无论是商业交流还是私人交往，人们都习惯使用邮件交流。——编者注

仿。实际上，因为这种着装风格能给客户留下清爽和可靠的印象，我确实感受到这是最适合销售员的打扮。要想做出成绩，全面模仿做出成绩的人，果然是成功的捷径。

但是，做出一定的成绩之后，我开始加入一些自己的创意。比如，把领带全部换成了粉红色。不是普通的粉红色，而是接近荧光粉色的粉红色。不仅是领带，铅笔盒、名片夹等小物件也都换成了粉红色的。一方面是因为这是我喜欢的颜色，另一方面这也能为我和客户聊天制造话题。因为粉红色领带很显眼，客户很有可能会问："你喜欢粉红色吗？"即使客户不问我领带的事，一看到我从包里拿出的铅笔盒也是粉红色的，客户也会笑起来。这种小事能一下子拉近我和客户的距离。

当然，我穿日常服装时，也一定会穿带点粉红色元素的衣服，我的高尔夫球服和球杆都是粉红色的。我和熟悉的客户一起去打高尔夫球时，光是"粉红色"的话题就能让我们聊得很开心。

销售技巧也要注意"守破离"的阶段

后来，我建立了"提到金泽就想到粉红色"的人设。我在给客户寄保险资料时，只要使用带粉红色图案的信纸，客户就会觉得"那家伙真的很喜欢粉红色"，心情也会变得很愉快。正因为有了"粉红色"的人设，我们的沟通才不会仅仅停留在邮寄的资料上。这也是我自主动脑想出来的方法。像这样，在和销售工作有关的所有事情中，我都加入了一些自己的创意。但是，我不是一开始就追求独具一格的。说到底，我是从全面练习基本模式和全面模仿做出成绩的人开始的。

这就是所谓的"守破离"。"守破离"是剑道和茶道中常用的词语，用来表示修行的阶段。"守"是忠实遵守流派模式的阶段；"破"是学习其他流派的模式，发展技术的阶段；"离"是创造并建立有自己风格的模式的阶段。我认为"守破离"准确地指出了销售工作的本质。在做销售工作的时候，首先必须彻底做好"守"。

第 **2** 章

积累看不见的资产

因为太想卖，所以被拒绝

做销售员后最先遇到的瓶颈

我进入保诚保险公司工作以后，就按照"最大限度地增加拜访客户的基数"这一方针全力以赴地工作。当时，我为自己设定的关键绩效指标（KPI）是"每周签下3份保单"。虽然当时我遇到很多痛苦的事情，但我还是咬紧牙关拼命努力。

我的努力很快就有了成效。我入职两三个月后，就在新人销售员中取得了非常好的成绩。当时我的直属领导是挖我跳槽的京都大学美式橄榄球队的队友，所以如果我的业绩不好，会让他没面子。带着这样的想法，我拼命努力完成了业绩指标，总算松了一口气。但是，从那时候开始，我已经感觉到了不稳定的迹象。

TBS电视台的前同事曾经质问我："你为什么要向前同事推销保险呢？"还有人写了一封长信来指责我的销售工作。每次遇到这种事，我都觉得很受伤，孤独感越来越强烈。但是，即使我不愿意面对这一现实也不得不面对。因为我是保诚人寿保险公司的销售员，所以如果我不卖保险，就没有收入，没法养家糊口。即使被朋友严厉指责，我也只能对自己说："没关系，不要在意。我只是在卖保险，我没做错什么事情。不管别人怎么说，我都会拼命努力。"

走投无路的销售员做过的最差劲的事情

但是，入职半年后，我终于看到了自己的极限。刚入职时，多亏了亲朋好友找我买保险，我才有了业绩。但是，他们当中几乎没人再把他们的朋友介绍给我认识。结果，入职半年后，要开始开发新客户的时候，我已经没有潜在客户可以联系了。新客户的枯竭对销售员来说就等于"死亡"。

"再这样下去，就完了……"在外面跑业务的时候，我虽然可以暂时将烦恼抛之脑后，但一天的工作结束后，当我在没有人的办公室里裹着睡袋即将入睡时，那种强烈的不安感就会袭来，深深地折磨着我，我陷入了低谷期。

在这种情况下，发生了一件改变我人生的事情。那周，我只签下两份保单，眼看着星期日就要到了。我焦急地想"必须完成业绩目标"，就联系了一位TBS电视台的后辈，想让他买保险。虽然那天是星期日傍晚，但他还是愿意和我在咖啡店见面。当时我做了一件非常差劲的事情。我竟然仗着是他的前辈，强迫他买保险。虽然我没说不买就不让他回家，但我几乎用尽全身力气向他施加压力。现在回想起来，真是觉得很对不起他，又觉得自己很没用，心里很痛苦。但是，当时我只考虑自己。我拿到他不情愿签下的保单，松了一口气，心想："终于完成目标了！"但是，报应很快就来了。第二天，主管叫我过去，告诉我那位后辈要求在犹豫期内解约。我很惊愕，主管没多说什么，只是平静地说："这是寿险规划师绝对不能做的事情。"

我深受打击。但是，更让我受打击的是，当我打电话向后辈道歉时，发现我的号码已经被他屏蔽了。不管我怎么给他打电话都是占线状态，他拒绝了只考虑自己的我。我知道自己活该被拒绝，只能默默忍受，感觉被击垮了。

眼前的问题反映出自己的内心

这时，我碰巧看到野口嘉泽写的《镜子的法则》。我坐在车站站台的长椅上一边发呆一边玩手机时，在脸书上看到朋友写的《镜子的法则》读后感，看完以后我感觉我需要这本书。于是，我马上买了这本书的电子书，坐在车站的长椅上专心致志地读了起来。

这本书的主人公是一位母亲，她的儿子在上小学。她觉得儿子可能在学校被朋友欺负了，很担心。为了解决这一问题，她向心理咨询师咨询。在跟心理咨询师多次交流的过程中，她意识到问题在她自己身上。她发现，自己从高中时就疏远父亲，以及内心不重视夫妻关系才是造成这一问题的根源。她向父亲和丈夫表达歉意和谢意后，情况才逐渐有所改变。这本书将人的心理过程描写得非常感人，我读着读着，不由得流下了眼泪。同时，我也意识到我遇到的问题是由我自己造成的。

这本书中的"镜子的法则"就是指"我们的人生现实是反映我们内心的镜子"。也就是说，当时我面对的严峻现实（被后辈拒绝、朋友关系受损、工作遇到瓶颈），反映的正是我当时的心理状态。

我究竟是哪儿错了呢？这个问题的答案很明显。后辈之所以要求解约，是因为我强迫他签下了保单。TBS电视台的前同事的质问和有人写的长信，这些事情的发生都出于同样的原因，即我没有为对方考虑，把自己"想卖保险"的愿望强加给对方了。因为太想卖了，所以我才被拒绝。

那些看在人情的份上找我买保险的人不愿意帮忙把自己的朋友介绍给我的原因也很明显。因为如果把我这种只为自己考虑的保险销售员介绍给他们的朋友，可能会破坏他们的人际关系，他们不愿意冒这个风险。我把自己的路堵死了。

接受这个答案需要勇气。因为我是保险销售员，如果没有业绩，就无法养家糊口。那么我该怎么办呢？是不是即使强迫对方，也只能强行销售呢？正因为如此，当我之前被朋友指责，或是销售方法被人批评时，我都只能告诉自己："没关系，不要在意，我只能努力做下去。"对这样的我来说，要否定过去的自己不是一件容易的事情。

从自己身上找原因

美式橄榄球名将为什么要坚持严格指导

我入职保诚人寿保险公司半年后，发生了后辈要求解约的事件，我在精神上被逼到了绝境。这件事发生的原因很明确，即我为了完成每周签下3份保单的关键绩效指标，强迫后辈签下了保单。而且，这个问题不只发生在我和后辈之间。除了TBS电视台的前同事的质问，还有好几个朋友批评过我的销售方法。因此没有人给我介绍新客户，我的销售工作遇到了瓶颈。

但是，我在心理上无法接受这一现实，因为这等于否定了我拼命想卖保险的努力。而且，如果不向熟人推销，我也不知道怎么做才能卖保险。如果继续像以前那样做销售工作，我的销售生涯可能会就此终结……我很迷茫，不知道该怎么做。

这时，我想起了京都大学美式橄榄球队的水野教练。我想，如果是水野教练，他会对我说什么呢？水野教练以拿日本冠军为目标，对我们的要求非常严格，他几乎没表扬过队员。说实话，当时我也曾想过"他是不是太严厉了"。但现在回想起来，他这么做非常合理。因为队员都是努力学习才考上京都大学的，但球技高手云集的其他球队显然实力更强。在这种情况下，要想让我们拿日本冠军，他只能严格地指导我们。所以，他从来没娇惯过队员。

就拿我来说，我在球队的4年中，他给我的最高赞美就只有"不错"。不仅如此，或许是因为我的性格比较开朗，又爱热闹，所以我在球队是挨骂的角色，经常被水野教练批评。无论是比赛还是练习，如果出现失误，水野教练就会质问我们"为什么会出现失误""为什么要这么打"，对我们非常严格。

成为创伤的惨痛失误

直到现在，我还会梦到那场比赛。那是我大四时参加的比赛。在那场比赛的关键时刻，我一瞬间犹豫了，选择了和水野教练的指示不同的打法。当时，我本来应该传球，但是我本来就不擅长传球，因为害怕失误，所以我没有传球，而是条件反射似的选择了自己擅长的跑垒，被水野教练看到了并罚下了场。

当然，水野教练肯定不会对我说"不要在意"之类的话。他就像没看见我一样，严肃地看着场上的比赛。比赛结束后，他不留情面地质问我："你为什么没传球？你是不是害怕失误才逃避的？如果你不优先考虑球队获胜，而是优先考虑自己擅长的打法，我们球队不需要你这样的人。"

水野教练说得没错，我无法反驳。我就像一个沙袋，内心遍体鳞伤。当时，我也曾不服气地想："没必要说得这么难听吧。"虽然我觉得水野教练说得很对，但没必要这样逼队员。不过，我当时的不服气不过是在心里放纵自己罢了。如果我真的想拿日本冠军，不用教练说，我就能直面自己的失误。而且，如果我真的想拿日本冠军，为了克服自己的恐惧心理，我早就该要求自己进行更加严格的传球训练了。

不要掩饰自己的失败

这场比赛对我来说是一种心理创伤，是我30岁以后还会梦见的心理创伤。如果水野教练是位温柔的教练，对出现失误的我说"不要在意，下次加油"的话，我可能就不会有心理创伤了。正因为教练不留情面地质问了我，这个问题才留在我心里这么多年。

但是，这个心理创伤改变了我的人生。正是因为这个心理创伤没有被治愈，让我浑浑噩噩地过了这么多年，我再也不想这么生活下去了，所以才想转行当销售员的。我因为过去逃避拿日本冠军的目标而感到后悔和内疚，为了克服这一问题，我决定进入保诚人寿保险公司工作，找回那个想成为出类拔萃的人的自己。从这种意义上说，我等于再次面对水野教练的严格要求，为了达到这些严格要求，我做了一名销售员。

那么，当我犯下被客户要求解约的错误时，如果是水野教练，他会怎么说呢？答案很明显。他肯定会严厉地批评我，让我正视自己失败的真正原因。

之前，我的销售方法被人批评过好几次，每次我都对自己说"没关系，不要在意，我只能努力做下去"来掩饰自己的错误，水野教练肯定不会原谅我这个样子。在京都大学美式橄榄球队的时候，我觉得他的批评过于严厉，但现在想来，那严厉的批评里藏着教练的"父母心"。水野教练肯定不会对出现失误的队员说"不要在意"，这种安慰的话对队员来说没有任何好处。他想教给我们的是要正视自己的失误，找到失败的真正原因并全力克服，这样做不仅能提高球技，对个人成长也很有帮助。

想到这里，我终于认输了。我放弃"保险销售员想卖保险有什么不对"的固执想法，坦然地承认自己错了。我发现，《镜子的法则》里讲的道理和水野教练的教诲是同样的道理。只不过《镜子的法则》讲得比较委婉，水野教练说得比较严厉，但他们想表达的道理是相同的。《镜子的法则》一书中说："我们的人生现实是反映我们内心的镜子。" 也就是说，当时我面对的严峻现实反映的正是我当时的心理状态。用一句话概括，就是"原因在自己身上"。另外，水野教练质问我"为什么会出现失误"，不是为了责怪我，而是为了让我直面自己失败的原因，不再重蹈覆辙。

把失败归咎于环境或他人，自己就无法获得成长。水野教练想教给我们的是，认为"原因在自己身上"，这是成长的第一步。说实话，承认"问题的原因在自己身上"是件很痛苦的事。人类是一种不愿意承认自己错误的生物，改变自己对人类来说也是一件痛苦的事情。我也是这样。当时我被好几个朋友拒绝，感到越来越孤独，因为没有人给我介绍新客户，我的销售工作遇到了瓶颈，所以，我只能承认"原因在自己身上"，认清"除了改变自己，没有别的选择"这一现实。我现在很庆幸自己这么做了。

对那些因为被我一味地推销而感到不愉快的人们，我感到很抱歉，同时也感谢他们坦率地告诉我他们的感受。因为他们让我察觉到了重要的事情，并且让我离销售工作的本质越来越近。当然，我也失败过很多次，也曾被逼得走投无路，每次我都告诉自己"问题的原因在自己身上"，我才获得了成长。

改变措辞以后，内心也会随之改变

不做己所不欲的事

我被后辈要求解约，还被朋友批评，我只能承认问题的原因在自己身上。而且，原因很明显，即我没有为对方考虑，把自己"想卖保险"的愿望强加给了对方，才让自己陷入这种境地。总而言之，因为我太想卖了，所以才会被拒绝。我要是遇到想强行销售商品的销售员，我也不会给他好脸色看。有销售金融产品的电话打来时，我会假装没听到，如果没看清来电号码而接了电话，我会说"不需要"以回绝对方。我走进店里买东西时，连店员跟我打招呼我都会觉得"好烦啊"。我自己是客户的时候，我会这样对待销售员。但是，当我成为销售员的时候，我就不懂客户的心情了。我被"不提高业绩就没法生存"的想法束缚，完全忘记了自己作为客户时面对销售员的心情和态度，变成了一名想强迫别人买的销售员。由于我做的都是己所不欲的事，因此我破坏了重要的人际关系，让自己陷入痛苦的境地。我不得不承认自己实在是太愚蠢了。

这也是我的销售工作遇到瓶颈的原因。现在回头想想，我的所到之处都变成了"一片焦土"。当时，我主要是向朋友推销，有人看在人情的份上从我这里买了保险。所以，我入职后前几个月的业绩还不错。但是，即便是看在人情的份上从我这里买保险的朋友，看到我只会一味地推销的时候，也几乎没人愿意帮我介绍新客户。这也是很正常的事情，我也不想把对自己做出讨厌的事情的销售员介绍给重要的朋友。结果，我越是强行推销，新客户就越少。总之，我对别人做的己所不欲的事情就是我失败的根源。

也许有人会笑着说："这不是废话吗？"的确，我们上幼儿园的时候，老师就教我们"己所不欲，勿施于人"，所以当然有人会觉得我说的都是废话。但是，大家不要把问题想得那么简单。我当时也以为自己懂"己所不欲，勿施于人"的意思，但是对销售员来说，提高眼前的业绩是生死攸关的问题，越是为了这个目标而拼命努力，就算自己本没有打算对别人做出己所不欲的事，也越容易在不知不觉中将自己想推销的想法强加给别人。

当自己是客户的时候，很容易看出销售员的私心，但当自己成为销售员的时候，瞬间就看不清自己做了些什么了。不仅如此，还将自己的行为合理化，认为"我不过是做了销售员应该做的事情"。

所以，我认为把"己所不欲，勿施于人"想得太简单是很危险的事情。或者说，我们应该提醒自己"如果放任自己不管，就会做出以自我为中心的事情"，经常反省自己的言行。我认为谨慎是销售员的行为美学。

客户看的是销售员无意识的言行

于是，我认为必须从根本上改变自己的思维方式。因为我是人寿保险销售员，所以卖保险是我的工作。我要想体现保险销售员的存在价值，就只能提高业绩。我还有一个野心，就是想在日本一流的保险销售公司做出日本第一的业绩。为了克服在京都大学美式橄榄球队时留下的心理创伤，我一定要达成这个目标。所以，我不能放弃这种动力。但是，上文说的这些都只是我在为自己考虑。因为我需要业绩，所以想向客户推销保险。也就是说，我从头到尾都只为自己考虑，说得更难听点，我为了达到自己的目的，把客户当成了可利用的工具，而没有客户会愿意被当成工具。

这个错误以最糟糕的形式出现是在我强迫后辈签下保单，又被后辈要求解约的时候。但是，其余的时候，我可能也一直在用这种思维方式销售保险。当然，我不是刻意这么做的，我在保诚人寿保险公司的研修中学到的销售技巧是建立在和这个完全相反的思想基础上的。但是，客户感受到的不是我刻意传递的信息，而是我无意识的言行。

我曾经听人说过一句有趣的话："肚子大的男人，虽然在别人面前缩着肚子，但别人看到的是他放松时凸出来的大肚子。"真的是这样。我嘴上说是为了客户，心里想的却是为了自己。我必须承认这一点，重新面对销售这份工作。

平时要注意措辞

首先要改的就是措辞。我们平时使用的语言表现了我们内心真正的想法。或者说，我们平时使用的语言可能会影响我们的潜意识。内心的想法会体现在语言中，而语言又会构建我们的内心。我认为，重视措辞就能改变以自我为中心的内心。比如，销售员经常说"拿下一份保单"，其中甚至有人说"收割经营已久的客户"。我刚做销售员的时候，也曾未经深思熟虑就使用了这种说法。然而，这些都是典型的以自我为中心的措辞。保单本来就是客户的东西，是客户为了保护自己和最重要的人，与保险公司签订的保险合同。而销售员却说"拿下一份保单"，让人感觉就像从客户手里抢来的一样，这样的措辞明显有问题。"收割"就更不用说了，也是有问题的措辞。有的保险销售员很自然地使用这些词，就算在客户面前说着从指南中学来的漂亮话，客户也早就看穿了他的"马脚"。

所以，从那以后，我在所有时候都坚持使用"从客户那里收下保单""帮客户保管保单"的说法。我一直告诉自己，保单是客户的东西，销售员的工作是收下并保管保单。就这样，我逐渐摆脱了以自我为中心的思维方式。改变措辞以后，内心也会随之改变。只有让内心远离以自我为中心的思维方式，销售员才能茁壮成长。

销售就是积累资产

克服恐惧，世界会瞬间改变

被解约的惨痛经历让我终于意识到，因为太想卖了，所以卖不出去。虽然销售员的工作就是销售，但这是销售员的事，与客户无关。如果销售员一味地销售，只会让客户敬而远之，对销售员产生不信任感。如果销售员不改变以自我为中心的思维方式，就无法做出好的业绩。

但是，人不是那么容易就能改变的。再怎么告诉自己销售员的工作是协助客户做出最好的选择，"想卖掉商品"的以自我为中心的思维方式还是会冒出来。而且因为我们公司实行的是佣金制，所以销售员会忍不住想向客户推荐提成高的产品。克服这种欲望不是一件容易的事。销售员的工作就是销售，如果做不出业绩，该怎么办？这种想法让我越来越不安，越来越恐惧。

直到有一次，我豁了出去，克服了这种恐惧。这件事让我彻底改变了自己的工作方式。

专业人士容易踏入的危险陷阱是什么

我经历了被后辈解约的重大挫折之后，过了一两个月又发生了一件事。当时，我有业绩越来越差的倾向，不但新开发的客户数量越来越少，还因为被解约而失去了自信，连大大方方地向客户介绍产品都做不到。那段时间，我越来越焦虑，心想再这样下去就完了。

在这样的情况下，我在拜访一位客户的时候，得知他已经买了其他公司的人寿保险。说实话，当时我很失望，但也没完全放弃。如果他在其他公司买的保险产品有瑕疵，我还能给他推荐更好的保险产品。但是，当我听他讲了他买的产品后，我发现他买的保险产品没有瑕疵，很适合他。我听他讲着，感觉渴望已久的业绩离我越来越远。我的求生欲又来了。我是保险和金融领域的专业人士，而客户缺乏金融知识，所以只要我编个理由，就有机会让他改买我们公司的产品。实际上，当我听他讲完后，我脑海里已经浮现出了一套逻辑，如果照这套逻辑讲，或许能扭转局面。只要再推自己一把，我就能滔滔不绝地说出来了。但是，我内心的另一个自己阻止了我这么做。我听到另一个自己问："这是谁的保险？"

摆脱以自我为中心的思维方式

这个问题答案很明显。这份保险不是我的，而是眼前这位客户的。既然如此，我就不能说那些不该说的话，因为做有利于客户的事才是我的工作。虽然我很想要业绩，但强行推销只会让对方讨厌自己。

虽然我的思索只有短短几秒，但这样自问自答以后，我内心的纠结一下子消失了，有一种下定决心的感觉。这种莫名的停顿让客户感到惊讶，我很自然地对他说："您买的那份保险很好，很适合您。"那一瞬间，我的心感到很痛，因为即将到手的业绩没了。然而客户却很高兴地说："真的吗？专业人士都这么说，我就放心了。"我看到客户开心的样子，我也很开心。我觉得自己做了件好事，有种解脱了的感觉。说出"您买的那份保险很好"的那一瞬间，我感觉自己再也不用强行推销了。摆脱了以自我为中心的思维方式，我感到神清气爽。

那位客户人很好，他贴心地对我说："不过，我心里总觉得很抱歉。金泽先生是保险销售员，应该也很想卖自己的产品吧……"我发自内心地这样回答他："不，我的工作不只是卖保险。对我来说，最高兴的事情就是看到客户能买到最适合自己的保险产品。"

在这之前，我虽然也对自己说"保险是客户的东西""不要一味地销售，要做有利于客户的事"，但是我的内心未必真的这样想，而对客户说出来以后，我感觉这变成了我内心真正的想法。

不要只追求眼前的业绩

这个故事到这里还没结束。过了一段时间，那位客户联系我说："上次谢谢你。我总觉得对金泽先生很抱歉，所以就帮你留意了一下我的朋友中有没有想买保险的，还真有朋友想买。你能见一下我的朋友吗？"我听了以后觉得很开心。因为我之前一直是以自我为中心进行销售的，所到之处都变成了一片"焦土"。但是，现在终于有人愿意帮我介绍新客户了。我本来因为新客户越来越少而危机感越来越强，现在我看到有一丝希望的光芒照到了我面前。

这次经历成了我的销售员生涯的原点。从这时起，我不再追求眼前的业绩，而是真正明白了增加信任我的客户的基数才是最重要的事。就算没和客户当场签下保单，只要能和客户建立起信任关系，就有新的可能性。这次经历对我的影响很大。同时，我对销售这一工作有了新的认识，我察觉到了自己过去在认知上的误区。我以前一直把增加客户的基数看得很重要，这当然没有错。但是，最重要的是，脚踏实地地增加信任我的客户的基数。就算没和客户当场签下保单，但只要能让对方觉得"如果要买保险，就找金泽买"，等对方想买保险的时候，就会先跟我联系。或者，如果他的亲戚朋友中有人需要买保险，他也肯定愿意帮我介绍。当然，他们可能一年后才买保险，也可能五年后才买，也可能十年后才买，甚至还有人可能永远都不会买保险。但是，这样也没关系。总之，重要的是增加信任我的客户的基数。因为销售工作遵循"概率论"，如果信任我的客户的基数增加了，联系我的人肯定会增加，签单的数量也肯定会增加。这次经历让我有了这样的想法。之后，随着经验的不断积累，事实证明，我的想法是正确的。要想成为成功的销售员，不能只追求眼前的业绩。越追求眼前的业绩，越容易遇到瓶颈。重要的不是追求眼前的业绩，而是脚踏实地地积累信任资产。有了这种资产，你的销售之路一定会越走越宽。

用"决定成为"取代"想成为"

要下定决心

人们常说，要有高远的目标。我也认为这是做好工作不可或缺的条件。我入职保诚人寿保险公司的第一年，就在个人保险部门获得了日本销售冠军的成绩。俗话说，不想爬上富士山的人肯定爬不上富士山。从事保险行业并不简单，不想成为销售冠军的人，不可能成为销售冠军，所以我一直以成为日本销售冠军为目标而努力。但是，对于"高远的目标"有需要我们注意的地方。一般来说，"目标"这个词的解释是"为了到达终点，或为了不偏离终点而必需的指向标"。比如，我们会说"以那个岛为目标，向东前进"。也就是说，"向东前进"才是目的，"岛"只是作为指向标的目标。如果把这个道理套用到销售工作上，那么很多人也许会说："以成为日本销售冠军为目标，做出好的业绩。"也就是说，真正的目的是"做出好的业绩"，而拿日本销售冠军只是作为指向标的目标。但是，我认为那样就无法成为日本销售冠军了。我在京都大学美式橄榄球队的时候就深深地体会到了这一点。当时我虽然经常把"拿日本冠军"挂在嘴边，但心里从来没有真正这样想过。

现在回想起来，当时我的内心觉得赢不了对手学校，因此教练没在的时候，我会觉得训练偷懒也没关系。当时训练很累，我还经常冒出"想早点退役"的想法。最终，我也没能拿到日本冠军。准确地说，不是我没能拿到日本冠军，而是我根本没真正想拿日本冠军。美式橄榄球并不简单，没有真正想拿日本冠军的人是拿不到日本冠军的，因此我没拿到日本冠军也是意料之中的事。

所以，只有高远的目标是不够的。如果你只是想"以拿日本销售冠军为目标，做出好的业绩"，那么只能做出差强人意的成绩。重要的是你要真正想成为日本销售冠军。高远的目标不是嘴上说说就行了，而是要下定决心去做，这才是工作中最难的事。

实际上，我在保诚人寿保险公司也是花了很长时间才下定决心要成为日本销售冠军的。当然，我之所以成为保诚人寿保险公司的销售员，就是因为想在日本一流的保险销售公司成为日本销售冠军，为了找到自己在京都大学美式橄榄球队时没有的那股认真劲，我一次又一次地对自己说"要成为日本销售冠军"，也对朋友说过"我要在保诚人寿保险公司成为日本销售冠军"。但是，光这样做，人还是无法轻易做到真正下定决心。虽然嘴上说"要成为日本销售冠军"，但内心深处还是觉得"太难了""自己做不到"。

虽然我入职后不久的业绩还行，但入职半年后我遭遇了被解约的挫折，业绩越来越差。唯一值得高兴的事就是我不再一味地推销，在取得了客户的信任之后，他又给我介绍了新客户。虽然我的销售风格从追求眼前的业绩转变为积累信任资产，但距离做出实际业绩还需要一定的时间。

当时我就是这样的状态，所以我很担心状况是否真的会好转。说实话，当时我每天都焦虑得想吐，没有真正下定决心成为日本销售冠军。

后来，让我下定决心成为日本销售冠军的是一个瞬间。虽然我一直对自己说要成为日本销售冠军，但我还是没能靠自己的意志力下定决心。不可思议的是，在那一个瞬间，我就像得到上天的启示一般，突然下定了决心。

那是我被TBS电视台的后辈要求解约后差不多过了三个月时的事情。那是8月，我的长子金泽荣己已经出生了，我决定请一周的假，带家人去轻井泽①旅行。我是刚入职第一年的新人，还没做出什么成绩，却要请一周的假，虽然我知道这样做不太好，但我觉得暂时不工作或许能调节心情，于是我就果断请假了（或许我只是想逃避）。然而，我却无法尽情享受和家人共度的旅行时光。因为一周不工作，就意味着这段时间我没有收入。一想到这些，我就感到非常焦虑。

我不但工作不顺利，还请假不上班，我的内心更加焦虑了。和家人一起在外面玩时我心不在焉。看到家人开心的笑脸，我有种心力交瘁的感觉。尤其是对我的妻子，我非常感谢她，因为她不但没有反对我跳槽去保诚人寿保险公司，还全

---

① 日本的一处避暑胜地。——编者注

力支持我。一般来说，听到丈夫说要从人人羡慕的TBS电视台离职，去实行佣金制的保险公司工作时，妻子基本上都会反对。但是，当我小心翼翼地对她说"我想跳槽"时，她只是淡淡地回了句"是吗"。我又问她"真的可以吗"，她平静地对我说："你不是都已经决定好了吗？"不过，妻子说她有个条件，那就是生二胎。我很惊讶地说："可是，我拿的又不是固定工资……"她说："这才能让你下定决心啊。"说实话，这句话让我深受震撼，是妻子让我下定了决心。

要客观地看待自己

现在，我的第二个孩子出生了，我正带家人在轻井泽旅行。我必须保护刚出生的宝宝和天真无邪的年幼的长女。我不知道妻子是否感觉到我工作陷入了困境，我看到她一如既往地用心地照顾家人，心里有种说不出的感觉。我换了这样一份不稳定的工作，估计她也很不安。她压下了心中的不安，全力支持我，而我却工作不顺利，还后悔跳槽了。我明明应该让她安心，让她露出笑容才对，我在做什么啊？我真是太差劲了！

我这样站在客观的角度看待自己时，突然产生了一种抗拒心理。我是白痴吗？现在是消沉的时候吗？我不能让妻子和孩子看到我这副不争气的样子。我本来是想成为日本销售冠军，想展现自己有能力的一面，才进入这个行业的吧？我不是想让那些看不起我的人刮目相看吗？要展现自己有能力的一面需要做什么呢？答案不是很明显吗？当然是做出成绩啊。

真切地想象最坏的未来

我一边这样在心里骂着自己，一边想象着最坏的结果。如果我还是像在京都大学美式橄榄球队时一样，被"想偷懒""想逃避"的情绪牵着鼻子走，不认真到底的话，肯定无法在销售岗位上做出好的业绩。在实行佣金制的保诚人寿保险公司，做不出好的业绩的销售员会待不下去，这样的未来很可怕。我想象着自己说着漂亮话从TBS电视台离职，才过了不到一年就受挫又想跳槽的样子；让一直支持自己的妻子难过的样子；自己苟且地活着的样子……

我知道自己既不争气，又软弱。我心里很害怕，不禁涌起一个强烈的念头，那就是将来绝对不想变成那样。我已经坐立不安了。我想给客户打电话约时间见面，之前因为请了一周的假而感到不安，为了让自己在旅途中也能工作，出发前我在包里放了名片夹。我立刻从包里拿出名片夹，对正在度假的家人说"抱歉，我出去一下"，就从我们住的小木屋里跑了出去。

小木屋在森林里，周围连个路灯都没有。除了从小木屋里透出的光线，周围一片漆黑。我在周围找不到其他可以打电话的地方，于是我钻进了车里。虽然轻井泽是避暑胜地，但盛夏时节车里还是很热。但是，如果为了开空调而发动引擎，会吵醒在小木屋里睡觉的宝宝；如果打开车窗，会飞进虫子。没办法，我只好在车里汗流浃背地打电话。

竭尽全力之后，再多努力一把

为了避免刚刚想象的最坏结果，我只能竭尽全力。为了回东京以后能立刻全力投入销售工作，要尽可能和更多的客户约时间见面。所以，我决定不约到10人绝不回小木屋，一直在车里打电话。

我还给之前打电话时一直避开的客户打了电话。这些人中有的以前交换过名片，但因为对方社会地位比较高，或者与我的心理距离比较远，我之前一直不敢给对方打电话；还有的曾经拒绝过我一次，或者批评过我的销售方式。给这些人打电话需要勇气。但是，现在不是纠结有没有勇气的时候，我必须给之前一直避开的对象打电话。

我不记得自己打了多长时间的电话。几乎所有人都是刚接了电话就挂掉，或者我刚说了两三句话就拒绝我，成功的概率实在太低了。我的衬衫被汗水浸得湿透了，穿着很不舒服，但因为是在密闭的车内，在我被打击或生气的时候，可以在车里大声喊"可恶"或"好！再打下一个电话"给自己打气。不过，也有人很爽快地答应和我见面。我意识到以前顾虑得太多，错过了很多机会。

就这样，我总算完成了约10位客户见面的目标。虽然筋疲力尽，但成就感让我心情变得舒畅了。感到焦虑的时候，胡思乱想反而会使焦虑感像滚雪球似的越来越强烈。于是，我不由得想："再努力争取多约一位客户吧。"或许是因为我在美式橄榄球队时的努力程度没有超越极限，我想通过现在的努力彻底摆脱自己的软弱。

总之，当时我又努力了一把，顺利多约到一位客户。实际上，后来与这位客户的见面给我带来了一个大订单，对我成为日本销售冠军有重要的意义。

那次旅行中，在回东京之前，我每天晚上都在车里打电话，和客户约时间见面。离开轻井泽回家的时候，我的日程手账上几周之后的日程表都用黄色荧光笔涂满了标记。虽然我仍然很焦虑，但这个假期让我有种重新上紧发条的感觉，我想回东京以后就火力全开地投入工作。

回到东京后的第二天早上，我到了办公室后，坐在我隔壁的同事问了我一个问题，这个问题跟我那出生不久的长子荣己有关。

"金泽先生，荣己是8月7日出生的，你知道那天是谁的生日吗？"

"不知道。"

他开玩笑似的说："其实，那天也是我父亲的生日。"
我心想"他在说什么啊"，他又笑着说"开玩笑的"，然后说
了一件让我惊讶的事。

"其实，8月7日是德莱顿的生日，这是在暗示金泽先生
会获得德莱顿奖吧。"

他说的德莱顿指的是英国保诚信贷保险公司（后来的保
诚集团）的创始人约翰·F.德莱顿（John F. Dryden）。在保诚
人寿保险公司，每年在个人保险部门业绩排日本第一的销售员
会获得德莱顿奖。

这一瞬间，我就像啪的一声按下开关一样，下定了决
心成为日本销售冠军。可以说我坚信自己能成为日本销售冠
军，或者说我决定不把这一殊荣让给其他人，总之，我终于认
真起来了。我拼命努力，终于在来年的3月（3月是日本的决算
年度末），奇迹般的反败为胜，成为日本销售冠军。

业绩遥遥领先的人是什么样的心理状态

也许有人会觉得上文的这段经历有点神奇，怀疑它的真
实性，但这是我真实的心路历程。不仅我有这种经历，很多业
绩遥遥领先的运动员或经营者也有相同的经历。当一个人坚信

"我能行""我做得到"时，就能发挥出巨大的能量。关于这一点，我深信不疑。但是，不是有意识地控制自己就能达到这种心理状态的。虽然我之前一直对自己说"要成为日本销售冠军"，但内心没有当真过。而同事的一句话消除了我的内心障碍。也就是说，不是我有意识地去下决心，而是在某一瞬间下定的决心。

不过，如果我一直等下定决心的那一瞬间，那它是百分之百不会到来的。为了能下定决心，我们还是有自己该做的事情。

首先，要直面危机感。当时，我有一种强烈的危机感，感觉再这样下去，自己就无法做销售员了，我非常痛苦。我想象着最坏的未来，那悲惨的画面让我很震惊。但正因为如此，我的心中才会涌起不想变成那样的强烈念头。我认为这种强烈的抗拒心理很重要。危机感越强，对未来的焦虑感越强，想摆脱这种消极结果的力量就越强。这种抗拒心理才是让自己下定决心、发生积极的改变的原动力。从这个意义上来说，工作不顺利、陷入危机的时候虽然很痛苦，但这也是促使人改变的契机。

其次，要运用这种抗拒心理，采取具体行动来摆脱危机。即使产生了"我的职业生涯不能这样结束"的抗拒心理，如果没有立刻付诸具体行动也是不行的。产生抗拒心理的那一瞬间就要全力行动。就拿我来说，我的具体行动是在车里打电话约客户见面。当时我汗流浃背地拼命打电话，对我完成目标起了关键作用。因为改变境遇的不是思考，而是行动。

如果那次休假时我只是一味地烦恼，回东京以后，我可能还会非常郁闷。因为我采取了具体行动，在车里打电话约客户见面，排满了几周之后的行程，所以虽然我仍然感到不安，但我已经能怀着对未来的希望回东京了。而且，一些我以前打电话时避开的对象也爽快地答应和我见面，我变得乐观起来，觉得自己能继续做销售员。这也是只一味烦恼不可能得到的东西。通过付诸行动，我看到了意想不到的可能性。

如前所述，我完成了约10位客户见面的目标后，我又多约了一位客户，因为竭尽全力的感觉给了我自信。把所有该做的事都做了以后，如果还是不顺利，我也能坦然地说"那就没办法了"。即使不顺利，也能认可竭尽全力的自己。这种自我认可会在内心深处变成支撑自己的信心。就这样，我在不经意间做了下定决心的准备。

的确，让我下定决心的契机是同事说的那句"8月7日是德莱顿的生日，这是在暗示金泽先生会获得德莱顿奖吧"。但是，如果我在轻井泽不拼命打电话约客户见面，同事的话也不会对我产生什么影响。

第 3 章

和客户建立联系

改变沟通方式

重新审视自己的言行

我下定决心成为日本销售冠军以后，每天都要求自己完成达到自身极限的高强度工作，最大限度地增加拜访客户的基数。同时，我也重新彻底审视与客户之间的交流，不断修正。我有意识地回顾自己日常的言行，从是否会带来成绩的角度重新审视自己的所有言行。

我的基本方针不是一味地销售，而是用心和每一位客户建立信任关系。如果能脚踏实地地积累信任资产，肯定会取得相应的成绩。为此，我应该怎样和客户打交道呢？我不断积累实战经验，反复摸索，逐渐建立起一套自己的销售方法。我意识到一切都要站在客户的角度考虑。以约客户见面为例，正如我在前文中提到的，我一开始也和周围人一样，通过打电话联系客户，但这会占用客户的时间，给客户带来困扰，所以我后来几乎全部改成用邮件联系了。

如果用邮件联系，客户可以在方便的时间看邮件，觉得麻烦或不感兴趣，也可以不打开邮件，看完不回复也没关系。用邮件联系是对客户来说压力最小的联系方式。用邮件联系对我也有好处。如果打电话，就必须在客户方便的时间段打，我的行动自由会受限。因为不能晚上打电话约客户见面，所以如果白天和客户打电话，我之前制定的"白天的所有时间都在外面拜访客户"的"作战计划"就不能用了。

用邮件联系还有一个好处是，如果写好模板，就能很快发大量邮件约很多客户见面。当然，每封邮件要根据客户的具体情况稍微调整表达方式和内容，不过这种微调比起一个个打电话要高效得多。为了把拜访客户的基数增加到最大，用邮件联系显然比打电话联系更高效。重要的是，我可以随时修改邮件模板。我要经常思考怎样做才能让客户有更好的反应，逐渐摸索出最佳形式。我一直在逐步修改我之前写的模板。这种模板没有完美的，或者说，当觉得"这样就完美了"的时候，你就没法成长了。精益求精才能锻炼销售员的感受力。所以，我从来没觉得我的模板是完美的。

在这里，我想分享一些我一直很在意的原则。那就是不要写得让客户觉得看起来很麻烦。客户打开邮件的瞬间，如果邮件的内容看上去密密麻麻都是字，会让人丧失阅读的兴趣。要善用换行，把邮件写得短小精悍。特别需要注意的是，不要把邮件写得过于礼貌。当然，不是让你不要讲礼貌，而是过于礼貌会让邮件的篇幅变长，让人不想读下去。即使客户读完了，在回邮件时也会有"我回的邮件是不是也得同样有礼貌呢"的顾虑，反而会给客户带来压力。也可能有人觉得麻烦，就不回邮件了。

此外，还要尽量让客户少花时间思考。为此，我会在邮件中写清楚我希望约客户见面的几个时间段。或许有人会觉得完全配合客户的时间比较合乎礼仪，但站在客户的角度，从三个选项中选出一个自己最方便的时间更节约时间。而且，因为调整日程的主动权在我手中，对我来说也很方便。

销售员的工作就是与人见面，我们会提前很久安排好自己的日程，如果完全配合客户的时间去调整会造成混乱。为了避免这种情况反生，销售员最好把调整日程的主动权掌握在自己手中。

要说"请让我听听您的意见"

我一开始约客户见面的时候，会按照销售脚本上的台词说："我想跟您分享些对您将来有帮助的事情，请您一定要听我讲讲。"但是，"请听我讲讲"这句话的方向，是我对客户说的。这句话有一种强加于人的感觉，客户只会觉得"反正他就是想推销保险"。总之，这就是一句试图推销的话。

于是，我彻底改变了说话方式，把这句话改成了"请让我听听您的意见"。这样，就变成了客户成为主体对我说话了。只是做了这样的改变，给客户留下的印象就大不相同，不仅不会有强加于人的感觉，可能还会给人一种谦虚的印象。特别是对地位比自己高的人、前辈或比自己年长的人很有效。

本来，当客户看到发信人是保诚人寿保险公司的金泽时，就会觉得"啊，这是一封销售保险的邮件"。如果邮件里还写了"请您一定要听我讲讲"之类的话，就等于"赤裸裸"地强行推销，会让客户敬而远之。而且，"请让我听听您的意见"也表明了我的立场。我决定再也不强行推销了，"请让我听听您的意见"就是我的心里话。我想认真听客户说话，如果有需要帮忙的地方，我再提供帮助。如果能和客户签保单我当然高兴，就算不能签保单，如果能和客户建立信任关系，我的销售工作就是成功的。为了表明我的立场，我一直坚持使用"请让我听听您的意见"这样的表达方式。

从感兴趣的事说起

第一次拜访客户前一定要做的事

第一次拜访客户时要做些什么？这对销售员来说是非常重要的问题。第一印象的好坏，会在很大程度上影响与客户之间的关系，所以需要格外注意。

　　第一次拜访客户前，我有一件事情一定要做，那就是再次确认拜访客户的目的。我拜访客户的目的不是销售保险，而是积累信任资产。每次出发前，我都要再确认一次。我甚至会告诉自己"不聊保险也没关系"。因为是第一次见面，所以重要的是让对方接受我。即使这次没聊保险，只要能建立起还有机会再见面的关系就行。我对自己说，最坏的情况不过是对方对保险一点都不感兴趣，那就只见这一次面就行了。虽然听起来很烦琐，但我很谨慎，如果每次不这样确认，我可能又会忍不住想推销了。哪怕有一点这样的苗头，只要被客户察觉到，客户就会疏远我。因为想推销是销售员的职业病，所以我会反复提醒自己，整理好思绪。

　　另外，我在拜访客户前，经常给妻子打电话。做销售这份工作，就是会一次又一次被否定。被人否定时，我会受到巨大的心理伤害。说实话，那时我已经有点害怕拜访客户了。如果带着这种恐惧心理去拜访客户，也会给客户带来一种莫名的紧张感。所以，在拜访客户前，我会想听听妻子的声音，因为她从不说否定我的话，总是对我说"加油"。刚开始的时候，我每天最少给她打10次电话。

　　也许有人会说"你都老大不小了，撒什么娇啊"，但我认为如果有可以撒娇的对象，还是撒一下娇比较好。对做出成绩有帮助的事情，还是尽可能去做比较好。

街头咖啡馆更好

整理好思绪以后，我就去与客户约好的见面地点了。我不太讲究见面地点。有的销售员喜欢在高级酒店的咖啡厅见客户，原因是"为了表示对客户的敬意，最好选择高级的场所""销售员要想提供优质的服务，最好自己也去体验一下优质的服务"等，我觉得有道理，一开始我也是这样做的，但我很快就不讲究见面地点了。因为如果每次都去高级酒店的咖啡厅，费用会特别高，还会经常碰到同行过来打招呼，我静不下心来。

比起借助场地的力量，用自己独特的方式给客户提供服务会更好。自己的价值不是靠高级场地或穿名牌衣服实现的，而是自然散发出来的。我不再和客户约在高级酒店的咖啡厅见面，而是选在空间宽敞又安静的街头咖啡馆。即使是普通的咖啡馆，只要能确保空间舒适，就不会显得对客户不礼貌。而且，离车站近的咖啡馆对客户来说更方便。

我最晚也会比约定时间提前10分钟到达见面地点。客户进来时，我会立刻站起来，看着客户的眼睛跟他们打招呼。要摒弃种种杂念，带着"很高兴见到您的心情"，愉快地和客户打招呼。

适度紧张是销售员的好帮手

与客户打完招呼坐下来以后，我的销售工作就正式开始了。因为是第一次见面，我会不由得紧张，其实完全没必要消除紧张。适度的紧张反而是销售员的好帮手。明明是第一次见面，对方却表现得跟自己很熟一样，客户肯定会觉得"这人真没礼貌"。所以，刻意装熟会适得其反，适度的紧张更容易给客户留下好印象。

重要的是享受和客户见面。会影响你心情的是"想卖掉商品"或"必须卖掉商品"的杂念。要摒弃这种杂念，只想着和眼前的客户用心交流，一起愉快地度过当下的美好时光就行了。只要能让客户觉得"和金泽在一起很开心，自己的心态也变得更加积极了"，这次见面就很成功。能让客户接受自己，自己的工作自然也会变得顺利。

仔细想想，保险销售员在全世界有好几十亿人，每个保险销售员能和他的客户相遇，简直是奇迹般的缘分。所以，只要想着把这份无可替代的缘分变得更美好就行了。为此，最好把卖保险这件事给忘了。

那么，怎样才能和客户用心交流呢？答案很简单，那就是找到共同点。拉近彼此间距离的诀窍，就是找到共同点。出生地、兴趣爱好、毕业的大学、孩子、美食等，什么都可以，要尽可能寻找能深入交谈的共同话题。

当然，不能为了找共同点而冒昧地打听客户的隐私，而要一开始先提供一些不会"踩雷"的话题。和客户交流，就是将自己感兴趣的话题宽泛而浅显地展开。同时，还要观察客户的反应。在谈论某个话题时，如果对方身体前倾，声调提高了，或者突然变得神采奕奕，就说明客户对这个话题感兴趣。如果能找到这个点并和客户深入聊下去，交流会变得热烈起来，还能拉近彼此的距离。

我和客户第一次见面时，会从感兴趣的事说起，找到共同点。这个方法非常有效，大家可以试试看。

对客户表现出单纯的兴趣

要想知道和对方之间的共同点，事先做好准备很重要。见面之前，要尽可能提前了解客户的信息。如果是别人介绍的客户，可以向介绍人了解客户的信息。还可以通过互联网查到一些客户的信息，例如，如果对方喜欢玩社交媒体，便可以从社交媒体中获得有深度的信息。这样就能找到和对方之间的共同点了。

这个方法很有效，我和一位有实力的老板很快就成了好朋友。因为得知有机会和这位客户见面，所以我在互联网上查询了对方的相关信息，发现他曾经是打进甲子园的棒球选手，而且还获得了亚军。我想这绝对是个很好的话题，因为我上初中和高中时也打过棒球，没有比这更好的共同点了。

　　和客户一见面就谈论这个话题会显得很不自然。所以，一开始我先自我介绍，提到了自己从TBS电视台离职进入保险行业的原因。这位老板听了以后说："那你真是破釜沉舟啊。"他好像开始对我感兴趣了，我知道现在正适合讲棒球的话题，于是我就转换话题问他："听说您以前打过棒球？"因为我刚刚提到过美式橄榄球，所以这时谈论棒球的话题不会显得不自然。一开始，这位老板也只是淡淡地说了句"是的"，但总算切入了这个话题。

　　我接着说："能打进甲子园，您真是太厉害了。我上初中和高中时也打过棒球，但距离甲子园还很遥远。"这位老板好像觉得"哦，你还挺懂的嘛"，看起来很高兴。于是，我趁机说出了我的真心话："而且，您还拿到了亚军，实在太厉害了。"这位老板听了以后笑容满面。

　　这就是客户敞开心扉的信号。之后，我又问了"当时您都做了哪些练习""比赛形势严峻时，您怎样调整心态"等问题，这位老板都很乐意和我分享。这次拜访结束时，我们之间的距离已经像认识多年的好朋友那样近了。

　　像这样，找到共同点会给我们带来了巨大能量。为了找到共同点，要抛弃想推销的想法，对客户表现出单纯的兴趣。

从这个意义上来说，或许可以说对客户感兴趣是销售成功的秘诀。

首先要坦诚相见

与客户交流最基本的是倾听

第一次和客户见面时，必须找出和对方有哪些共同点，在那之后，为了发掘客户对于保险的潜在需求，为客户推荐最合适的保险套餐，必须深入了解客户。为此，我们不能为了卖掉商品而一味地销售，应该把重点放在倾听客户说的话上。我和客户第一次见面时要找出彼此之间的共同点，也是为了让客户敞开心扉，促进双方的愉快交流。

为了更好地倾听，需要问问题，但第一次见面不好问东问西。因为如果让客户感觉自己好像被盘问一样，有的客户反而会关闭心扉。例如，有个销售技巧叫"收集小小的肯定"，但我觉得这反而会适得其反，我从来不用这个技巧。

大家可能知道，"收集小小的肯定"是一种心理技巧，就是在对话中不时地插入"今天天气很好吧""您是××大学毕业的吧""您孩子还很小吧"等问题，也就是对方肯定会回答"是"的问题。收集很多"小小的肯定"，更容易让客户无意识地对销售员持正面印象。

不要刻意收集"小小的肯定"

但是，这样做会让人觉得很烦。的确，比起一上来就推销产品，聊点无关紧要的事情，"收集小小的肯定"或许会有一定的效果。但是，要想真正与客户建立良好关系，这样做几乎没有什么实质性的意义。我作为消费者也遇到过各种销售员，接触过很多想推销产品的销售员。说实话，我被他们问东问西，还要一一回答，我觉得很烦。

因为这个技巧的目的是收集"小小的肯定"，所以问题大多问得很浅，容易让人察觉到销售员想让自己购买商品的意图。熟练的销售员可能会不一样，但如果普通销售员想收集"小小的肯定"，往往只会让客户不信任自己。所以，我很快就舍弃了"收集小小的肯定"这一技巧。

"己所不欲，勿施于人。"说得更直白一点，客户没那么天真，靠耍小聪明无法取得客户的信任。或者说，想靠耍小聪明操纵客户的心理是很不礼貌也很不现实的事。另外，我还会这样自问自答：如果是我自己，会对什么样的销售员有好感，信任他们呢？答案很简单，那就是能用自己的话好好说明"我是什么样的人""我抱着什么样的想法做这份工作"的销售员。如果能从销售员的话中感受到真诚，客户自然会想听他说话。

于是，我决定采取"正面攻击法"。首先，我会提醒自己要与客户坦诚相见。要想打开客户的心扉，前提就是我要先敞开心扉，大大方方地告诉客户"我是什么样的人""我为什么从事保险销售工作"等关于自己的事情。

现在回想起来，当时我拜访的客户几乎都是没打算要买保险的人，如果突然跟他们谈论保险的话题，他们也不愿意听。要想加深和客户之间的交流，就只能让大家对我产生"亲近感""共鸣""信任感"等美好的情感。

要能用自己的话说明为什么当销售员

特别是要让客户知道"我为什么从事保险行业"，这一点很重要。因为客户是为了接受保险销售服务而来的。让客户知道我作为销售员是抱着什么样的想法从事保险销售工作的，是客户判断能否信任我的不可或缺的条件。但是，客户的眼睛是雪亮的。如果我的话里有谎言或夸大其词的内容，他们马上就能看穿。所以，我多次自问自答，深入挖掘"我为什么从事保险销售工作"这个问题，然后用自己的语言发自内心地说出来。

正如前文所说，我之所以从TBS电视台离职，立志成为保险销售员，是因为我想改变靠TBS电视台的招牌生活的自己，想找回在京都大学美式橄榄球队时丧失的自信。所以，我想认真地投入销售工作，在一流的日本保险销售公司做出一流的销售业绩。

说实话，这是我的事情，与客户无关。说得更直白一点，这也是以自我为中心的话。但是，这是我的真心话。所以，我毫不掩饰地把自己从事保险销售工作的动机告诉了客户。虽然其中也有客户无法认同我的动机，但实际上，大多数客户都和我产生了共鸣。幸运的是，其中也有很多客户支持我这个努力的保险销售员，愿意找我买保险。因为越是努力的人，越想支持同样努力的人。

当然，我从事保险行业的理由不仅是这些，我进入保诚人寿保险公司的动机也不仅是因为我想在一流的日本保险销售公司做出一流的销售业绩。我不想销售自己无法认可或无法理解其价值的产品。我从心底认可保险的价值，更进一步说，正是因为对保险心存感激，我才选择了这条路。

其实我并不是应届考上京都大学的。无论是高三还是复读的时候，我的模拟考试成绩都是A，所以我在补习学校上课时也在玩，说白了就是小看了考试。我两次考京都大学都落榜了，最后考上了早稻田大学。虽然我对京都大学还有些留恋，但我在早稻田大学加入了美式橄榄球队，还交了一个啦啦队的女朋友，很享受在东京的生活。然而，在我大一那年的11

月，家里生意经营失败，我的父母不得不申请破产。

母亲打电话对我说："我们会想办法的，你不用回来。"母亲是个坚强的人，她一定会想方设法帮我筹借学费。但是，因为我读的是理科，每年光学费就要160万日元，再加上参加美式橄榄球队的活动费和我的生活费，家里无论如何都拿不出这笔钱。所以，我几乎立刻做出了从早稻田大学退学的决定。同年12月，我回了大阪老家。[①]

回家以后，我发现家里的情况非常糟糕，不仅没有钱供我上学，连最基本的温饱都成问题。这时我才深刻地体会到，我之前买东西花得理所当然的1万日元是多么珍贵。我作为长子，必须放弃读大学，去工作赚钱。但是，这遭到了我家人的强烈反对，他们说："我们会想办法的，你去上大学吧。"实际上，我的父母只有高中学历，他们不会说英语，去唱歌碰到英文歌时，只能照着上面标注的片假名唱。因为我父母的学历不高，所以他们希望我能有高学历。

我很理解父母的心情。但是，我无法心安理得地对父母说"谢谢"。我对父母说："家里现在这种情况，我怎么能去上大学呢？我作为长子，应该去工作赚钱，帮助家里。"我和

[①] 早稻田大学是私立大学，学费较贵；京都大学是公立大学，学费较便宜。——编者注

父母起了争执。

这时，祖母对我说："你去上大学吧，学费我来出。"

"哪有那么多钱呢？"

"只要把保险解约，就有钱了。"

没想到，祖母有一份积攒多年的储蓄险。她对我说："你知道你的父母是怀着怎样的心情让你去上学的吗？你不能辜负他们。"我听了以后思考了许久，泪流满面。

但是，现实情况非常严峻。我回大阪是12月，而大学入学考试是第二年的2月，也就是说，我只有两个月的复习时间。一般来说，复习时间这么短，是不可能考上京都大学的。在家人的支持下，我终于下定了决心，我认为这是挑战自我、进入曾两次落榜的京都大学的绝好机会。我每天拼命复习，除睡觉时间以外的时间都在学习。连我自己都觉得当时的专注力非同一般。经过两个月的复习，我终于考上了京都大学。

因为有这样的经历，所以对我来说，保险是拯救人生的无可替代的产品。我进入社会以后立刻买了高额的人寿保险，每逢结婚生子等重大场合，我都会追加保额。为了守护自己所爱的家人的人生，我坚信保险是必要的产品。

我把这些事情如实地告诉了所有客户。我对客户说："正因为如此，我想把我所坚信的保险服务的正确信息传递给大家，才做了保险销售员。当然，决定是否要买保险的是您，即使您不买也没关系。只要您给我传递正确信息的机会，我就很感激了。"我这样说了以后，几乎所有的客户都能接受并表示理解。其中，也有客户对我的人生经历产生了共鸣，告诉我他也有类似的经历，主动讲起了自己的人生故事。我与客户之间的深入交流，有时就是从这里开始的。

重要的是深入挖掘"我为什么要买这个商品"的原因，要能用自己的话讲述自己的故事。销售指南上没有写这个问题的答案，查遍所有图书和网站也绝对找不到相关的信息。答案只能通过深入理解我们的人生来寻找。从这个意义上来说，销售员的工作，或许就是从深入理解自己的人生开始的。

与客户建立信任关系

销售成交的必要条件是什么

如前文所述，销售工作是从坦诚相见开始的。我拜访的客户几乎一开始都没打算买保险。既然如此，跟他们讲再多关于保险的事都打动不了他们的心。比起跟他们聊保险，不如让客户对我产生兴趣或共鸣。这样客户才会愿意听我讲话。为此，销售员必须首先敞开心扉，大大方方地告诉客户"我是什么样的人""我为什么从事保险销售工作"等关于自己的事情。如果客户对我产生了兴趣或共鸣，就会对我敞开心扉，与我分享他们的人生经历或想法。这一点非常重要。只有先做到这一点，销售员才能和客户建立信任关系。

销售工作不顺利，是因为销售员陷入了"我是卖方，客户是买方"的思维定式。但是，如果能与对方互相分享彼此的人生经历或想法，就有可能能成为对方人生中重要的伙伴，与对方建立起情感联结。只有或多或少地建立起这样的关系，才有可能促成销售成交。

即使是认识多年的朋友，要想成为对方人生中重要的伙伴也不是一件容易的事情。所以，仅靠和客户见几次面，不可能成为客户的人生中重要的伙伴。但是，我还是想以拜访客户为契机，与客户建立长期的信任关系，让对方总有一天能发自内心地认为我是他人生中重要的伙伴（实际上，后来我和很多客户都建立起了长期的信任关系）。

要想与客户建立长期的信任关系，学会倾听很重要。销售员要与客户坦诚相见，先打开自己的心扉，客户才会敞开心扉。销售员不能只顾着自己说。等客户敞开心扉以后，销售员就要集中精力听客户讲自己的人生经历或想法。但是，这样做需要时间。所以，我会多花时间与客户见面。一般来说，销售脚本都是假设与客户的见面时间为30分钟，准备的也都是30分钟内就能结束的内容。但是，要想让客户讲他们平时不太会说出来的想法，30分钟根本不够用。所以，我和客户约时间见面的时候，至少都请他们给我留出1小时（当然，我也会根据客户的安排缩短时间）。虽然保险销售员一般是以见面3次就签保单为目标，但我不给自己这样设限，增加与客户见面的次数也没关系，我想好好听客户讲话。

在听客户讲述他的人生的时候，我们不要以销售员的身份，而要以一个朋友的身份去倾听。销售员和客户都是人，客户的讲述中一定会有与自己的人生重叠并产生共鸣的部分。如果销售员能做到共情式倾听，客户自然就会愿意讲他们平时不太会说出来的想法。如果销售员能感同身受地理解客户的处境与心情，并真诚地做出回应，客户也会愿意听销售员讲话。从这个时候开始，你们才能开始谈保险的事情。

当然，人与人之间相处也看缘分，有时就算销售员再怎么感同身受地倾听客户讲话，还是有客户不愿意敞开心扉。或者，即使客户敞开了心扉，也不打算买保险。遇到这种情况，没必要勉强聊有关保险的话题，否则只会被客户讨厌。这种情况下，不如对对方抽出宝贵的时间和自己见面表示感谢，最后说一句"我是保险行业的专业人士，如果今后有需要我帮忙的地方，请随时与我联系"就可以了（实际上，很多客户在后来有需要时都联系我了）。

另外，如果不是上文所说的这种情况，我会直截了当地问对方："您想不想知道为什么保险一定会对人生有帮助？"（如果当天与客户约定的剩余的时间不多了，我会跟客户约下次见面再聊）。如果客户愿意听，我才会进入保险的话题。但是，一般来说，如果从保险的必要性开始聊，可能会破坏好不容易建立起的信任关系。所以，我会坦诚相见，从我为什么买保险开始谈起。这样，不用我多说，客户也会把我的故事套用到自己身上想象，深入思考买保险的必要性。

我刚进入TBS电视台工作不久后就买了保险。当时，我对保险完全没兴趣，但是京都大学的同学问我："你要不要和保诚人寿保险公司的销售员见面聊聊？"出于同学情谊，我见了那位销售员。我本来打算立刻拒绝，但是，和那位销售员聊天的过程中，我发现我非常担心父母的养老问题。

我在前文中提到过，我的父母白手起家创业，历尽艰辛，为了让我能上好的学校而拼命努力工作。但是，我在早稻田大学上学的时候，他们申请破产了。在那之后，他们仍然辛勤打工供我读书，让我顺利从京都大学毕业。

我进入TBS电视台工作以后，包括和我同期入职的人，公司里很多同事的家境都很好，和这些同事一起工作，反而让我为辛苦养育自己的父母感到自豪。我的父母没有好的家境，没受过良好的教育，没有高学历，却为了我拼命工作，给了我全部的爱。正因为有他们，才有了今天的我。

是那位保险销售员让我重新意识到这一点。我和那位保险销售员一起思考父母的老年生活，我开始感到非常担心。

我的父母也曾是典型的充满活力且健谈的大阪人，他们终有一天会老。而且他们已经申请破产，没有太多积蓄。我作为长子，照顾他们的老年生活是天经地义的。但是，如果我发生了意外，我父母的生活该怎么办呢？父母给了我全部的爱，拼命工作，抚养我长大成人，一想到他们老了以后还要过苦日子，我就难以忍受。所以，我决定买一份高额保险，受益人是我的父母。这样做既是为了父母，也是为了完成我报答父母的心愿，无论如何我都得买这份保险。

我跟客户讲了我的这些故事以后，很多客户都感同身受地说"我理解"。他们可能也想起了对自己重要的人。大家纷纷说出了自己担心的事："我也把父母留在老家了。""我孩子还小……"

他们的心情和我担心父母的心情一样，也就是说，我是作为客户人生中的亲历者，感同身受地理解客户的处境与心情。然后，我对客户说："为了解决您担心的问题，我们一起想想该怎么做吧。"大部分客户会愿意和我约下次见面的时间。这样，自然就会转到有关保险的话题上来了。

要用画面讲解

从概要到细节进行讲解

怎样讲解产品，可能是让所有销售员都很头疼的问题。我也反复摸索过这个问题。因为我卖的人寿保险是金融商品，所以有很多复杂的数据和专业术语。如果继续挖掘下去，就会变得非常复杂。而且，因为人寿保险是需要长时间缴费的高额产品，所以销售员有义务向客户详细讲解产品的优点和缺点。但是，讲起细节来就会复杂难懂，客人很难理解。这不仅是人寿保险的销售问题，也是其他各种各样的产品销售中共通的问题。

为了做好复杂的产品讲解，大家都会准备详细的展示资料。为了能回答客户提出的各种细节问题，我也整理了很多数据资料，做好万全准备。但是，如果直接给客户看这种资料，客户就会一头雾水。越想讲清楚，就越讲不清楚。这样做不但卖不出产品，甚至都无法尽到好好讲解产品的义务。那么，该怎么做才好呢?

我们要按照从概要到细节的方式来讲解。不要一开始就讲细节，要先让对方理解产品概要（产品本质），在确认客户掌握概要之后，再逐步往下讲细节。只要留心按照这个步骤去做，客户的反应就会有很大不同。不过，这做起来很难。因为销售员懂专业知识，所以当客户问"简单来说，那究竟是什么"时，销售员就会觉得"如果不把这些都讲一下，就讲得不准确"，然后讲起了细节，结果让外行的客户听不懂。所以，销售员应该把智慧、时间和精力用在思考怎样把产品概要讲得简单易懂。当然，也要准备好详细的资料，做好万全准备。这种资料只要做一次，以后就能反复使用。另外，更重要的是，要在每天的销售活动中观察客户的反应，思考怎样做才能更方便客户理解产品概要。

我也在不断摸索怎样才能把产品概要讲得简单易懂。最终得出的结论是，不要用理论讲解，要用画面讲解。和客户讲解产品概要时，要像看图讲故事一样，让客户的脑海中浮现出画面。就像给孩子看的故事书上有很多图画、照片、图解一样，为了让外行的客户能直观地理解产品概要，用画面讲解效果显著。例如，我经常这样和客户讲：

假设您、您的妻子和孩子三个人一起划着小船在大海上航行。当然，因为您在家里力气最大，所以您负责划船。无论是波涛汹涌还是逆风行驶的时候，为了您挚爱的家人，您都会用尽全力划船。

您有可能会掉进海里。这样一来，就得由您的妻子或孩子划船了。连您在大海中划船都很吃力，对于您的家人来说，肯定更是一段艰难的旅程。

但是，如果您乘坐的是有1000名划桨手的大船会怎样呢？即使您不能划船了，因为还有999名划桨手，所以船仍然能顺利航行。您的妻子和孩子也不用辛苦划船。

保险就是这艘大船的船票。船票有很多种，例如，有价格便宜的船票，等您到65岁到达目的地的时候，对您说一声"恭喜您"就送您下船；还有一种价格比较贵的船票，您过了65岁也可以继续乘坐，如果您选择65岁下船，您之前支付的船票钱也都能收回来。这就是"定期保险"和"终身保险"的区别。另外，还可以把这两种保险组合起来……

像这样讲给客户听，客户的脑海中就会浮现出画面，能直观地理解定期保险和终身保险的区别。如果用理论说明同样的问题，可能会讲得比较复杂。像这样让客户的脑海中浮现出画面，所有的客户都能瞬间理解。所以，我想了好几个能让客户的脑海中浮现出画面的故事并经常在实际销售中使用。这些故事为我的销售工作提供了很大的帮助。

销售员要认识到，如果没有专业知识，就当不了销售员，但是如果被专业知识所束缚，对客户讲解产品时，就无法讲得简单易懂。销售员要站在没有专业知识的客户的立场，深入思考用怎样的画面讲解，才能让客户更容易理解。

像触诊一样倾听客户讲话

了解客户的真实想法

倾听是与客户交流的基础。但是，不能只听，重要的是一边听客户讲话，一边了解客户的真实想法。要知道"客户重视的是什么"和"客户担心的是什么"，思考怎样为客户提供帮助。我认为这才是销售员存在的真正意义。所以，我会在和客户聊天的过程中，寻找能打动对方的点。和客户见面的时候，我会在心里储备各种各样的话题，从家庭、孩子、资产、继承等与保险直接相关的话题，到出生地、兴趣爱好、讲究的事情等与客户个人相关的话题，在聊天的过程中适当提出，观察提到哪个话题时客户会有特别的反应。

这是一种无意识的反应，客户可能并不清楚"自己真正重视的是什么"或"真正担心的是什么"。就算客户知道，也不会告诉刚认识的销售员。而正因为那是无意识的反应，所以才称得上是客户的真实想法。

这就像医生在给患者看病时触诊一样。因为患者不清楚自己的身体哪里出了问题，所以医生通过触诊找到患者的痛点，再从中找出症状和病因。同样，销售员的工作是通过观察提到哪个话题时客户会有特别的反应，从中找出客户的潜在需求。

每个人的反应都不一样。面对重要的话题时，有人会提高声调，有人会眼神发亮，有人会动眉毛，还有人会身体前倾。所以，我会把客户的整体看成一幅画面，注意画面中发生的变化。就像玩找碴游戏一样，从两幅相似的画里找出不一样的地方。这个游戏的要领是留心观察客户的变化，当发生明显的变化时，就意味着这个话题里藏着重要问题，需要顺着这个话题深入挖掘。

留心观察客户的无意识变化

例如，有一次我要拜访的客户是朋友介绍的31岁的单身上班族。我和这位客户见面的时候，心想应该告诉他趁年轻时买保险好处比较多。但是，我和他稍微聊了一下就发现，他是看在介绍人的面子才来的，就算跟他讲趁年轻时买保险好处比较多，他也完全没兴趣。我感觉跟他说什么都没用，就没再深入聊有关保险的话题，我觉得只要和他保持联系就行了。不过，我想到他将来结婚时可能会联系我，我还是决定告诉他我当初买保险的原因。

当我提到"我一开始也对保险完全不感兴趣，但我担心自己万一发生了意外就没人照顾我父母了，所以我决定买高额保险"时，他的表情突然发生了明显的变化。在那之前，他几乎面无表情，而这一刻，他的眼神变得坚毅起来。特别是当我讲到我父母做生意失败，几乎没有养老的积蓄时，他表现出了深深的理解，说："那肯定会担心啊……"我感觉他肯定也是个为家人操心的人。

　　我把对方说的话重复了一遍："家人的事情很让人担心啊……"客户听了以后沉默了一会儿，然后说："其实……"他告诉我，他弟弟有先天性障碍，从小就需要人照顾，但他来东京工作了，老家只剩下年迈的父母和弟弟一起生活。他们靠着他打回家的钱生活，他担心万一自己发生了意外，父母和弟弟的生活就会很困难。于是，我告诉他，有一种保险可以用便宜的定期保费获得高额的保障。客户听了以后非常高兴，立刻委托我帮他设计具体的保险方案，后来他也为自己买了保险。

　　就像前文讲的那样，几乎没有客户会主动告诉销售员关于自己家人的事情。而且，这位客户本来不知道保险服务能解决他担心的问题。所以，销售员与客户聊各种话题，从中找出为客户解决问题的方法，这一点很重要。此外，我感觉那位客户之所以愿意告诉我关于家人的事情，或许是因为我先如实地讲述了"我的父母做生意失败，没有养老积蓄"的私人问题。关于私人问题，销售员先主动坦诚相见，客户也会比较容易敞开心扉。

理解客户的想法，就能拓宽道路

还有一次，我去拜访一位继承家族事业的第二代社长。

销售员向经营者销售保险时，一般都会提到"买保险可以节税"，但这位客户好像对节税完全不感兴趣。这时，我也觉得好像很难说服他，已经准备放弃了。但是，当我听他讲述经营公司的艰辛经历时，他的一段关于某位员工的话让我印象深刻。那位员工和社长是同一批入职的，非常优秀。就在社长刚继承家族事业的艰难时期，他全力支持着社长。所以，社长激动地表示，他想早日提拔这位员工当董事，报答对方多年支持公司和自己的恩情。

这时，我发现和这位社长讲"买保险可以节税"没有任何意义，社长想要的是对帮助过他的员工表示感谢。于是，我就向他提议，在提拔那位员工当董事的时候，给他买"董事保险"。"董事保险"的保费由公司支付，如果董事有什么意外，他的家人就可以拿到保险公司理赔的死亡退休金。如果董事平安工作到退休，解约退还金还可以充当退休金。

听了我的提议，社长很高兴地说："没想到还有这种保险！"这样就能用具体的形式表达对员工的感激之情了。他非常高兴，立刻委托我帮他设计具体的保险方案。

不要被惯性思维蒙蔽双眼

当我回想起这些过去的小插曲时，我再次意识到，没有比惯性思维更可怕的事了。我也是这样，在和31岁的单身男性聊天时，我就有"趁年轻时买保险好处比较多"的惯性思维，在和第二代社长聊天时，我也陷入了"买保险可以节税"的惯性思维。他们两人的反应都很冷淡，我差点就放弃了。幸运的是，这两次都通过观察客户的反应，察觉到自己陷入了惯性思维的误区。而我过去可能也曾有过在销售工作中陷入惯性思维，没察觉到客户微妙的变化，从而导致销售失败的时候。想到这些，我再次意识到惯性思维的可怕之处。

销售员容易在无意识中陷入"某种类型的客户可能会有某种需求"的惯性思维，然后被惯性思维蒙蔽了双眼。因此，心无旁骛地面对客户，留心客户的细微变化，这一点很重要。或许名医都是用这种方式触诊的吧。这也是销售员需要具备的素质。

绝不诱导成交

不要因为要小聪明而失去长期利益

每当我说"我不会诱导成交"时，大家都很惊讶。想必大家知道，诱导成交是在销售工作的最终阶段，通过诱导客户的购买心理促使成交的技巧。是否擅长这一技巧会影响成交率，所以当我说"我不会诱导成交"时，大家都很惊讶。

实际上，很多业绩好的销售员都热衷于研究诱导成交，形成一套让客户同意购买的技巧。我刚入行的时候，也曾学习前辈们的诱导成交技巧，想用在实际的销售工作中。但是，我渐渐感觉这个方法并不是一直都有效。比如，当眼看就要签单的客户在最后一刻说"能让我再考虑一下吗"而无法立刻做出决定时，经验丰富的老销售员会巧妙地劝说客户购买产品，若无其事地诱导客户做出决定。但是，再怎么若无其事，还是掩盖不住销售员想成交的欲望。所以，我不喜欢这种方法。而且，客户能敏感地察觉到销售员的这种心理。就算当场签下保单，销售员和客户之间的信任关系也可能会产生裂痕。

我认为要重视销售的"原点"。保单不是销售员的东西，而是客户的东西。因为客户买的是高额的人寿保险，所以在做决定时比较谨慎也是很正常的。与其勉强诱导成交，不如让客户按自己的意愿做出决定。或许有人觉得我写的这些都是漂亮话。但是，我在前文中也多次提到过，对销售员来说，重要的不是眼前的业绩，而是脚踏实地地积累信任资产。就算错过了眼前的这单生意，只要能和客户维持信任关系，以后客户还是很有可能会来找我买保险的，也可能会给我介绍其他客户，这才是销售员的生命线。所以，不要冒着损害和客户之间的信任关系的风险耍小聪明，这样才能带来长期利益。

不要诱导客户做出决定

后来我就完全不用诱导成交的技巧了。比如，像上文中提到的那样，当客户说"我想再考虑一下"或"我还想看看其他产品"而无法立刻做出决定时，我会对客户说："没问题，请再好好考虑一下。"但是，我从心底认可保险的价值，也根据客户的情况反复思考，制定了适合客户的保险方案，我想为客户强烈推荐产品的想法依然不变。所以，我认为当客户做决定犹豫的时候，销售员有必要协助客户做出决定，而不是诱导客户做出决定。大家可能会觉得这句话很像在玩文字游戏，但是诱导做出决定和协助做出决定完全是两码事。重要的是，我们要坚持"做决定的主体是客户"的原则。如果越过了这条线，"协助"就会变成试图操纵客户做出决定的"诱导"了。

那么，怎样协助客户做出决定呢？比如，可以设定一个期限。所有人买高额产品时都会比较谨慎，如果太优柔寡断，会一直无法做出决定。而保险买得越早越有利，如果客户一直拖着无法做出决定，最坏的情况是，客户只能以不利的条件签约。这时，我会设定一个期限，对客户说："请今晚好好考虑一下，明天我再联系您。"或者，当客户说"我想和妻子商量一下"时，我会说："我平时也没什么机会和妻子一起好好讨论今后的人生，所以遇到这种大事还是会找她商量。您想和妻子好好商量是件很好的事。但是，只要活着，谁都不知道明天会发生什么，所以请您今晚一定要跟妻子好好商量。"当然，也不是每次都把期限定在第二天，我会根据客户的具体情况，设定相应的期限。重要的是要设定一个期限。工作也是这样，如果不设定期限，就容易想太多而陷入迷茫。设定期限能帮助客户按下决策开关。

通过提供选项，帮助思维聚焦

仅仅设定期限还不够。要在设定期限后，明确给客户指出"该思考什么""该决定什么"，这一点很重要。正是因为思维没有聚焦，客户才会想太多而陷入迷茫。为了帮助客户走出迷茫，作为保险专业人士，应该明确地指出客户烦恼的问题的重点。

为此，在对保险内容进行深入沟通的过程中，销售员要仔细观察客户的反应，知道客户因为什么事而犹豫。在此基础上，为客户提供解决问题的选项。比如，"重要的是决定选择A方案还是B方案""关键要看您手上有没有美元，您决定选哪个以后再联系我"。当然，我是以客户买保险为前提提供选项的。我对自己设计的保险方案很有信心，在此基础上提供协助客户思考的选项供他们参考。这里所说的选项不是指选择要不要买保险，而是选择买哪种保险。

像这样，把期限和选项提供给客户以后，剩下的就交给客户考虑了。也有人过了期限都没联系我，或最终决定暂时不买保险。但是，与使用诱导成交的技巧的时候相比，我的成交率并没有下降。即使没有成交，我还是会感谢客户认真考虑，我与客户之间的信任关系也得到加强，后来很多人想买保险时还是会找我买。我相信这种方法比冒着让客户不信任的风险的诱导成交要好得多。

果断放弃只看价格的客户

当客户说"我还想看看其他产品"时，我会对客户说："没问题，请比较之后再做决定。"说实话，这样说有点逞强。其实我想对客户说："请相信我，从我这里买保险吧。"但是，如果客户希望再考虑一下，我也只能说"没问题"。

还有另外一种让客户下定决心的方法。比如，有的客户会拿同一份保单内容找其他公司报价，哪怕只便宜1日元，他也会选更便宜的，这样的客户本来就与我无缘。因为从哪家公司买保险基本上都没有太大差别。也就是说，能否让客户从自己这里买保险，才是考验销售员功力的地方，正因为如此，销售员才有存在的价值。

如果客户只是因为便宜1日元就选择买其他公司的保险，就说明我这个销售员对他们来说没有存在的价值。如果客户这样认为，我也只能果断放弃，让他买其他公司的保险。实际上就算这样的客户这次从我这里购买了保险，但如果以后其他公司推出更好的产品，他便会轻易更换公司及产品。

当然，这也说明我的人格魅力还不够，这一点我也在反省。但是，仅靠价格判断价值的客户，肯定不会有"这位销售员非常诚心诚意，我想支持他"的想法。所以，遇到这样的客户果断放弃才是正确做法。

第 **4** 章

不要迎合客户，要服务客户

要体谅客户，但不要太客气

反复说"请帮我介绍新客户"，只会带来负面影响

我签下保单以后还是会感到焦虑。当然，客户愿意签单就说明我有了业绩，这是一件值得高兴的事，让我松了一口气。但是，同时这也意味着又少了一位有望签单的客户。除非那位客户至少再给我介绍一位有望签单的客户，否则接下来我的业绩会越来越少。我反复摸索，深入思考怎样才能让客户愿意帮我介绍新客户。现在我想把自己摸索出的诀窍告诉大家。

首先，拜托客户介绍的时机一定要选在客户愿意签单之后。我都是亲手把保单交给客户的，趁客户对保单内容做最终确认的时候，我会好好表达对客户的谢意，再拜托客户帮我介绍新客户。但是，如果这时表现出急于让客户介绍新客户的样子，可能效果会适得其反。正是因为取得了客户信任，客户才愿意签单。这时如果突然对客户说"请帮我介绍新客户"，任何人都会感到扫兴。

对客户来说，将自己的朋友介绍给保险销售员并不是一件容易的事。客户平时就很忙，连联系朋友都感觉有负担，更

何况还要对朋友说"你能不能见一下我的保险代理人",这会给客户造成精神负担。如果销售员言行不当,甚至有可能会损害客户和他的朋友之间的关系,所以客户当然希望尽可能不用帮忙介绍新客户。

考虑到客户的这种心情,我们就能知道其实让客户帮忙介绍新客户对他本人来说没有好处。因此,拜托客户帮忙介绍新客户的时候,首先要认识到这一点。

直截了当地拜托客户

尽管如此,如果没人帮忙介绍新客户,销售员的工作就没法做下去,这也是不争的现实。所以,我会把这个现实告诉客户,直截了当地请客户帮忙介绍。你要体谅客户被拜托介绍时的心情,但你也不用太客气。这样说可能会让人觉得我的脸皮很厚,但这是我发自内心的请求,和客户坦诚相见不需要犹豫。如果你首先能好好体谅对方,对方也不会觉得我发自内心的请求不礼貌。

我一般这样拜托客户帮忙介绍:

"我作为您的保险代理人,今后也想跟您保持长期联系。因为我们公司实行的是佣金制,如果没有新客户,我的这份工作就没法继续做下去。所以,请您务必帮忙介绍朋友给我认识。说实话，这份工作不好做。但是，通过保险，让我在给客户宝贵的人生做出了一点贡献，我感觉自己非常有价值。能与各位客户结缘，我也发自内心感到高兴。

"我想做的不只是卖保险。保险曾经给我提供了很多帮助，我想把更多有用的信息分享给您给我介绍的亲朋好友。是否买保险由客户来决定，我只是想分享有用的信息。但是，就算我在街上跟陌生人搭讪，也不会有人愿意听我讲有关保险的话题。所以，只要能见个面就行，我想借助您的力量多认识一些人。"

这样拜托对方，大部分客户都会乐意帮忙。不过，如果不满足以下两个条件，我可能也无法获得客户的帮助。

第一个条件是我为了克服学生时代的挫折，成为不依靠TBS电视台的招牌也能生存的人，以及为成为日本销售冠军而拼命努力，客户对我努力的样子产生了共鸣。我在与客户见面时，只要有机会，就会坦诚地告诉客户：我正在拼命努力，我白天在外面跑业务，晚上在公司努力工作到深夜，裹着睡袋睡在公司里。跟客户约下次见面的时间时，我会给客户看我的日程手账。客户看到我排得满满的日程表，就会明白见面前临时出现日程变更对我来说是多么残酷的事情。另外，就算深夜准备好发给客户的邮件，我也不会马上发送，而是在凌晨两三点或早上六七点发送，展现出自己努力工作的样子。当然，这些都只是"表演"。诚心诚意地与客户交流，认真制作保险方案提案书，真诚地应对客户的需求，努力做好眼前的工作，"表演"才会有效果。

客户对销售员的言行非常敏感。特别是买人寿保险这种高额产品的时候，客户会对销售员抱有警戒心。如果销售员的言行里有矛盾之处或试图掩饰什么，客户就能敏感地察觉到，并会立刻与销售员保持距离。所以，诚实地面对工作比什么都重要。正因为如此，客户才会认同我，认为"这家伙真的很努力"，并发自内心地想帮助我。特别是那些本身就拼命努力的人中，也有很多人全力支持我（这样的人在评价销售员的认真程度时也很严格）。

第二个条件是绝不强行推销。正如前文中提到的，销售员拜托客户介绍新客户时，客户最担心的是销售员言行不当，导致客户重要的人际关系受损。就算想帮忙，只要客户有一丝不安，也会犹豫，这是很正常的事。虽然现有的客户是在信任我的基础上才签单的，但是当我拜托他介绍时，他还是会再次思考我作为销售员的言行举止，严格地审视"把他介绍给我的朋友，真的没问题吗"。

这时，销售员做什么都没用了。客户是否愿意介绍新客户，取决于销售员之前的表现。比如，客户回过头来想想，可能会觉得"自己闭着眼睛就签单了，好像有点被诱导的感觉"；或者"心里想着买也可以，于是就买了，其实并没有百分之百接受，还是感觉被诱导成交了"。如果客户有这样的感觉，就算我说"我不是想推销保险，是否买保险是由客户决定的，我的工作只是传递有用的信息。能否请您帮我介绍新客户呢"，客户也听不进去了。

所以，在销售的各个环节都要抛开想要推销的想法，站在为客户提供有用的信息的立场，这一点很重要。就算这次签下了眼前的保单，但如果客户不愿意为自己介绍新客户，销售员就无法工作下去了，这一点千万不能忘记。

如果销售员在拜托客户帮自己介绍新客户时，对方比较犹豫，这时绝对不能死缠烂打，否则就会破坏好不容易建立起来的愿意投保的信任关系。如果客户不愿意帮忙介绍，销售员最好反省一下自己的销售工作是不是有不足的地方，这样才会有下次机会。只要不破坏与客户之间的信任关系，当客户周围有朋友想买保险时，他可能就会想起"或许可以介绍给那位销售员"。不要为了得到眼前的利益（介绍新客户）而着急，要站在长远的角度优先建立与客户之间的信任关系，这才是正确做法。

把客户的心理负担降到最低

告诉客户只要介绍一两位就足够了

对客户来说，给销售员介绍朋友不是一件容易的事。为了克服这一障碍，就要在之前的销售过程中，让客户产生"想帮助这个销售员""如果把朋友介绍给这个销售员，他也不会做出没有礼貌的事情"的想法，让客户放心。这不是靠小聪明和小伎俩就能解决的问题，考验的是销售员的工作方法。如果销售员能掌握以上两个要点，几乎所有的客户都会产生"想尽量帮忙"或"可以帮忙介绍"的想法。不过，需要注意的是，就算客户嘴上说"可以帮忙介绍"，也不一定代表他们真心这样想。在客户看来，拒绝帮忙介绍也会给自己造成心理负担，所以客户有时只是嘴上说说"可以帮忙介绍"（销售员也要体谅客户的这种心情），可能并不会真的行动。

就我的经验而言，越是一下子给我二三十个人名和电话号码的人，他介绍的人中实际能联系上的人就越少。这还牵扯到个人隐私的问题，必须先由客户本人跟介绍的对象打过招呼后，我才能联系对方。但是，有的客户会说："没关系，你直接打电话吧，别说是我介绍的就行。"也有的客户会说："知道了，我联系好了告诉你。"但是，之后无论我确认多少次，对方都没有和介绍对象联系，这样我的工作就没法继续开展了。

所以，我会直接告诉客户："只要介绍一两位就行，但是请帮忙介绍对您来说真正重要的人。"客户听了以后，也会觉得不能随便应付。其中也有客户认为帮忙介绍有负担，瞬间陷入了沉默。这种时候最好不要死缠烂打，否则会被客户讨厌，就算介绍了，介绍对象可能也会敷衍了事。

要明确告诉对方希望介绍什么样的人

接下来，要和愿意认真考虑帮忙介绍新客户的客户进行深入交流。不过，几乎没有人能当场说出介绍对象的名字，都会陷入沉思，这绝不是一件坏事，说明他们正在认真帮忙筛选。所以，我会协助他们筛选。

这时候，之前倾听的内容就能派上用场。比如，如果询问客户的家庭情况，得知他的父亲是企业经营者或医生时，那对方在继承问题上往往能用到保险。这时，我会问客户："能否把您的母亲介绍给我？"这里的"母亲"不是口误，让他把母亲介绍给我是有原因的。如果涉及继承问题，儿子直接对父亲开口会难度很大，所以，先跟母亲见面，由母亲跟父亲说的成功概率会比较高。女儿和母亲搭档跟父亲说效果最好，这样大概率能说服父亲。或者，如果知道对方曾经就读于重点高中，可以问对方："您的同学中有当律师或医生的吗？"如果是学生时代打过棒球的人，可以问对方："棒球队的同学中有没有和您关系比较好的？"

像这样，我告诉对方具体希望介绍什么样的人。或许有人觉得这样做有点厚脸皮而不好意思，其实没有这回事。既然客户愿意帮忙介绍，就希望销售员能明确告诉他希望介绍什么样的人，这样客户也容易锁定介绍对象。所以，这时候我们不用客气，把"球"抛给对方就好。

不要急着要联系方式

不过，即使客户说出介绍对象的名字，最好也不要急着要对方的联系方式。当然，我们肯定急着想要联系方式，但对客户来说，这是重要的朋友的个人隐私，不能轻易告诉别人。如果急着问客户要联系方式，客户可能会觉得"嗯，还是算了吧"。所以，我会先感谢客户介绍，对客户说"谢谢，我很想见见他"，然后再问关于介绍对象的信息。比如，如果客户介绍的是高中棒球队的同学，我就会问"他在棒球队时是什么位置的球员""他上的是哪所大学""他现在住在哪里""他喜欢吃什么"等问题。听了客户的回答，我会积极地附和说"这样啊，好厉害"，并把信息记在手账上。通过这个过程，我也更加清楚地了解了客户介绍的对象的特点，更加想和这位介绍对象见面。

对客户来说，这个过程就像介绍之前的"热身"。我问了一些问题后，最后会说："我很想见这位客户，能麻烦您告诉我一下他的联系方式吗？"这时，几乎所有客户都会愿意告诉我介绍对象的联系方式。然后，我会请客户先跟对方确认："有个叫金泽的保险销售员想跟你联系，可以吗？"

我在前文中提到过，因为很多时候介绍新客户会在这一环节功亏一篑，所以这一点非常重要。为了把客户的负担降到最低，我会请客户用邮件和介绍对象联系，因为打电话会给客户造成很大的负担。虽然介绍对象是客户的好朋友，但是让客户突然打电话问人家"你要不要听听有关保险的话题"也很难。客户又不是做这份工作的，或许只有非常优秀的销售员才能做到这一点。这样会给客户造成很大的心理负担，我不忍心拜托客户这样做。

所以，我会先准备好邮件模板，比如"有位叫金泽的保险销售员很不错，你要不要见见他？他那里有一些有用的信息，跟他见面不会吃亏的"。然后拜托客户把这封邮件发给介绍对象就可以了。

这种方法的效果很好。客户不用花时间想打电话给介绍对象该说什么，如果对方回信说"可以见面"，他就把邮件抄送给我，回信说："谢谢。我已经把邮件抄送给金泽了，接下来请两位直接联系吧。"介绍任务就结束了。这样能把客户的心理负担降到最低。

与其让作为非专业人士的客户打电话说服对方，不如由我拟定一封邮件的成功概率更高。像这样，用发邮件代替打电话，之后也可以用连我①（LINE）或Messenger②的群组功能，不断增加由既有客户介绍的新客户。

"感谢"可以为你积累信任资产

然而，有些客户虽然嘴上说"可以帮忙介绍"，但并不会做出实际行动。刚开始的时候，这让我心情很不好。对销售员来说，是否有新客户是事关职业生涯的问题，所以我拼命努力想让客户介绍新客户给我。想到自己明明诚心诚意地对待每一位客户，却被客户敷衍，我就觉得自己被客户轻视了。

但是，有一天，我意识到"尽管如此，我也应该感谢客户"。因为客户本来就没有义务帮我介绍，而且客户不但没有推辞，还回应了我的一些要求。光是这样，就已经非常值得感谢了。所以，无论结果如何，我都会对客户说"您有这份心

---

① 韩国互联网集团NHN的日本子公司推出的一款即时通信软件。——译者注
② 微软公司推出的即时通信软件。——译者注

意，我就非常感谢了"，以表达我感谢的心情。我还会对客户说："如果您有任何消息或需要，请随时告诉我。"有时客户会在半年后或一年后联系我说："终于找到能介绍给你的人了。"这些经历让我懂得，"这样做能积累信任资产""销售员就应该这样做"。

拥有讨人喜欢的"厚脸皮"

讨人喜欢的"厚脸皮"是销售员必备的素质

销售员如果脸皮不够厚就难以生存。拜托客户帮忙介绍新客户就是一件需要厚着脸皮做的事情。客户没有义务把重要的朋友介绍给我们，但销售员还是得拜托客户帮忙介绍。从这个意义上来说，脸皮厚是销售员必备的素质。但是，光是脸皮厚也不行。如果销售员只是单纯地厚着脸皮把自己的想法强加于人，客户肯定不会搭理我们。"虽然这个销售员厚着脸皮拜托我，但我就是没法讨厌他，我还是帮帮他吧"，能让客户这样想的讨人喜欢的特质也是销售员必备的素质。

不过，让自己变得讨人喜欢是很难的。一般来说，"讨人喜欢"是指"待人接物让人产生好感的和蔼样子""笑眯眯的可爱样子""滑稽却让人讨厌不起来的表情或动作"等。但是，如果以此为目标，想表现出这些表情或动作会显得不自然，有时甚至会让人感到不快。刻意想讨人喜欢，反而会惹人讨厌。

"讨人喜欢"来自思维方式

那么，讨人喜欢是天生的吗？的确，有人天生就讨人喜欢，这些人上小学时就活泼开朗，只要有他们在，周围的气氛就会变得活跃起来。不可否认，天生具有这种讨人喜欢的特质的人很适合当销售员。但是，也有很多销售员的性格文静且内向，平时很少笑，却深受客户喜爱，做出了惊人的业绩。说实话，我不认为这样的销售员性格本身就讨人喜欢，但他们厚着脸皮拜托客户，还是有很多客户喜欢他们从而答应他们的请求。所以，我认为讨人喜欢是能后天培养的。

迄今为止，我观察过各种各样的人，我认为讨人喜欢的关键在于思维方式。在目前的状况下，能思考"怎样才能让大家变得幸福"的人，不管是什么样的性格，都具备讨人喜欢的特质。

就拿我的家人来说，我的妻子就是这种典型的讨人喜欢的人。她和我的性格完全相反，不是那种主动出风头的人，性格也不算非常开朗，但她总是面带微笑，我能从她那平静柔和的表情中获得安慰。为什么她能笑得那么自然呢？我忍不住向她学习。

　　我一直佩服妻子看待事物的方式。比如，有一年夏天，在没有我陪同的情况下，她独自带孩子们去她父母所在的避暑胜地。要回东京的时候，因为买伴手礼①花了一点时间，差点没赶上新干线。她带着大包小包，匆匆忙忙地坐上了新干线。车门关闭的那一刻，她才发现她把行李忘在了站台上。妻子一开始也露出了"糟了"的表情。孩子们察觉到妻子的表情不对，也感到很不安。如果我在场的话，我可能会对孩子们说"谁忘了拿啊""你在做什么啊"之类的话。但那时，妻子却微笑着对孩子们说："还好只是忘记拿行李了，要是把你们忘在站台上就麻烦了。"然后，孩子们跟着哈哈大笑地说："是啊，太好了。"这件事情已经成了我们家经常提起的小故事。

长期业绩出色的销售员的共同点

　　还有一次，一天早上妻子对我说："我今天有事要出门，车给我用一下好吗？"我说："好啊。"但是，我匆匆忙忙准备出门的时候，完全忘记了这件事，还是像往常一样把车开

---

①　出门到外地时，为亲友买的礼物，一般是当地的特产、纪念品等。——编者注

走了。当然，过了一会儿，我就从连我上收到妻子表示"生气"的消息。这全是我的错，我连忙打电话向她道歉，妻子却若无其事地说"算了"。我说："为什么啊？你没有车不是很为难吗？我给你租辆车吧，你稍微等我一下好吗？"她却说："没关系，不用了。我觉得我今天最好还是不要开车出门。如果我开车出门，可能会发生车祸。你以后注意点就行了。"回家以后，我再次向她道歉，妻子只是像往常一样微笑着说："我都说了没关系啦。"看到她的表情，我也放心了，我们两人相视一笑，这件事情就这样过去了。

这就是妻子的思维方式，我真是太佩服她了。无论发生什么，妻子都不会感情用事。她不会责怪别人，总是能从处境中找到好的一面，把事情往好的方向想。她想的是如何能让大家都开心，看到别人露出笑容，她也会很开心。这就是她一贯的思维方式。

我认为这种思维方式很重要。如果这样看待事物或思考问题，周围的人自然会露出笑容，自己看到周围的人的笑脸也会很开心。如果能做到这些，你就会讨人喜欢。

实际上，那些不仅短期业绩出色，长期业绩也出色的销售员，笑容都很自然，并且深受同事和客户的喜爱。因为他们总是思考如何让大家都开心。正因为如此，就算他们厚着脸皮拜托别人，也会有人愿意帮助他们。

不要讨好客户，要服务客户

必须与客户建立平等的信任关系

"你给我舔鞋的话，我就跟你签1亿日元的保单。"如果有人这样说，大家会怎么办呢？

听到1亿日元，谁都会心动吧。当然，我也很想要。但是，无论给我多少钱，我都不会给别人舔鞋。这就是我的原则。不过，我不是否定会给别人舔鞋的人。舔鞋需要具有很强的心理素质，能做到这一点的人肯定是为了做出成绩，认真工作的人。如果有人笑话给别人舔鞋的人，我会否定这个人。不过，我绝对不会给别人舔鞋，因为我追求的不是眼前的业绩，而是为了积累与客户之间的信任资产而工作的。如果能脚踏实地地积累信任资产，业绩自然会随之而来。

与客户之间的信任关系应该是一种彼此尊重的平等关系。就算是为了做出成绩，也不应该做给别人舔鞋这种事情。所以如果有客户提出类似的要求，我会不再和他来往。比如，有一次我认识的一位高收入的人想找我买大额保险，一年的保费高达4000万日元。作为销售员，我当然很想签下这份保单。但是，还在商量的过程中，有一天他突然给我打电话说："我在和朋友喝酒，你马上过来。"但是，很不凑巧，我约了其他客户，没法马上过去。于是，我就对客户说："非常抱歉，我已经约了其他客户，现在无法马上过去。"那位客户却说："你不是销售员吗？你不想要4000万日元的保单吗？"

他的语气简直就像把4000万日元的诱饵挂在我眼前一样。的确，4000万日元的保单对我来说是一个大单。但是，这是我的事。和已经约好的客户变更时间会给客户添麻烦，这种做法太自私了。成为销售员以后，我深深地明白，约客户见面不容易，能和新客户见面更加难得。这不是保单金额大小的问题，所以，作为销售员，我不能为了4000万日元而擅自变更与其他客户见面的时间。而且，我猜这位客户可能经常给周围的人抛诱饵。如果是这样的话，就算这位客户给我介绍新客户，那些人很可能也是被诱饵吸引来的。对方为了手中的诱饵，有可能会找我买保险，但是不会给我介绍新客户，我不认为对方会出于情义为我做到这一步。

这样想想就知道，即使吃了这位客户抛的诱饵，也无法拓展出更加宽广的世界。或者说，如果吃了一次这位有钱的客户抛的诱饵，他会一次又一次地要求我做同样的事情，这样肯定会给其他客户添麻烦。这样就会造成原本积累的信任资产越来越少，长期来看，损失可能会超过4000万日元。

所以，后来我放弃了那张4000万日元的保单。那位客户很惊讶地问："你打算放弃4000万日元？"我说："没关系。"他也就没话说了。说实话，我也觉得可惜。压抑自己渴望提升业绩的心情，明确拒绝对方，也需要一些勇气。为什么我能做到这一点呢？这绝对不是因为我清高，而是因为我积累了足够多的基数。正因为如此，我才相信"失去4000万日元的保单虽然可惜，但只要努力工作，肯定能挽回损失"。如果当时我没有那么多的客户基数，我就会害怕放弃4000万日元，或许就会去吃那个诱饵。因此，积累足够多的客户基数，能让销售员变得强大。

迄今为止，我已经拒绝过好几次同样的要求了。一开始需要勇气，但这样的经历多了以后，我就习惯了，感觉没什么大不了的。或者说，随着经验的增加，销售员的"轴心"稳定了，也变得自信了。我告诉自己：不要讨好客户，要服务客户。

"讨好"和"服务"看上去好像差不多，但是两者实际上大不相同。"讨好"是为了让对方满意而取悦对方，而"服务"是为他人做点什么，帮助他人。对销售员来说，能明确区分两者很重要。"讨好"是以上下关系为前提的言行。客户在"上"，销售员在"下"。这意味着为了取悦位于上位的客户，位于下位的销售员必须舍弃自我。

的确，除了在沙漠里卖水给口渴的销售员，其他销售员一般处于弱势地位。尤其是人寿保险的销售员，不同公司的产品差别不大，保险销售员的地位就更加弱势了。日本大约有120万名注册寿险规划师，为了能签下保单或让客户满意，去讨好客户或许是不得已的事。但是，这样做只会降低销售员的价值。

销售员应该做的不是讨好客户，而是服务客户。自己动脑深入思考"对客户有利的事情是什么""能帮助客户做什么事情"，为客户提供只有自己才能提供的服务。如果能成为提供这种服务的人，客户就会认为"和金泽保持联系比较好""如果要买保险，就找金泽买"。也就是说，重要的是不要为了讨好客户而舍弃自我，而要为了服务客户而磨炼自我。通过磨炼自我，提高作为销售员的价值，与客户建立平等关系，才能闯出一片天地。

帮忙牵起缘分，就能拓展缘分

做些能帮助客户实现愿望的事

那么，该给客户提供什么样的服务呢？答案很简单，那就是帮客户实现他们的愿望，帮客户解决困扰他们的问题，这才是服务。如果能做到这样，所有客户都会认可这位销售员。

为了能提供这样的服务，首先必须知道"客户想要什么""客户因为什么事情而感到困扰"。因此，与客户交流很重要。在交流的过程中，可以了解客户的经历、家庭、工作、兴趣爱好等，还能知道"客户想要什么""客户因为什么事情而感到困扰"。不过，这些问题都不能勉强去打听。直接问客户"你的愿望是什么""你因为什么事情感到苦恼"，会显得很不自然。这样做只会让客户觉得销售员想要闯入他的内心，导致客户关闭心扉。与其这样，不如由销售员先对客户坦诚相见，坦率地告诉客户自己的梦想和遇到的难题，这一点很重要。如果引起了客户的共鸣，客户自然会敞开心扉。如果销售员能真诚地倾听客户说的话，客户也会愿意讲他自己的愿望和遇到的难题。

联系人与人，是销售员最大的服务

知道客户的愿望和遇到的难题以后，接下来该怎么办呢？

当然，如果销售员能凭借自己的力量帮到客户，那再好不过了。但是，销售员一个人的力量是有限的。这时，销售员平时积累的各种人际关系或许能帮得上忙。给客户介绍能帮他实现愿望或解决难题的人就好了。也就是说，联系人与人，是销售员最大的服务。比如，经人介绍我认识了大阪的一位税务会计师。跟她聊了很多话题以后，我得知她是高中棒球联赛的铁杆粉丝。这时，我突然想到，如果把我认识的棒球选手介绍给她，她应该会很高兴。当时，正好有一位大学时代就很活跃的棒球选手加入了职业棒球队，他找我商量说："我现在是职业选手了，想请您帮我介绍一位财务顾问。"我想，如果把那位税务会计师介绍给这位棒球选手，双方都会很高兴吧。我果然猜中了。那位税务会计师说："我非常喜欢棒球，成为职业棒球选手的财务顾问是我的梦想，我会全力支持他的。"她向我表达了真诚的感谢。另外，这位棒球选手能得到专业的税务顾问的支持，他也很高兴。

因为我知道两位客户的梦想和难题，所以我可以将两位客户联系起来，帮助他们实现了梦想，也解决了难题。

这件事并没有到此结束。后来，那位税务会计师又介绍我和她的弟弟见面。这次介绍给我带来了巨大的机会。那位税务会计师的娘家在大阪拥有一家老字号公司，她弟弟继承家业当了董事长，可能会有投大额保单的需求。我和她的弟弟见面之后，对方果然向我购买了高额保险。这份保单对我来说意义非凡，有了这份保单，我在入职第一年就成了日本销售冠军，这是我之前没想到的（之后再详细介绍事情的经过）。

这样的事情后来我又经历过好几次。销售员通过帮客户实现梦想或解决难题，就有可能获得客户的认同，愿意找这样的销售员买保险。要想提供这样的服务，必须善于运用平时工作中培养出来的人脉，为不同的客户牵线搭桥。虽然有人不愿意把自己辛辛苦苦培养出来的人脉提供给他人，但我认为这种想法是错误的。要想帮客户实现梦想或解决难题，只有帮忙为客户牵线搭桥，才能广结善缘。这就是这个世界的法则。

第 **5** 章

成绩是自然而然显现出来的

脚踏实地努力的人终究会取得胜利

工作要懂得要领

要做好工作必须掌握要领。要领是指推动事物顺利进行的秘诀。也就是说，要领就是尽可能用更少的劳力取得更大成绩的秘诀。"掌握工作要领"和"高效工作"几乎是同义词，也是职场人士应该掌握的重要技能。

我也是懂得要领的人。我在TBS电视台工作时就深得要领。那时，我入职后不久，就被安排做助理导播。这份工作非常辛苦，我在现场完全被当成了跑腿的，别说是回家了，我就连睡觉的时间都没有，一个星期没脱鞋也不稀奇（现在这种过劳的状况已经有所改善了）。

助理导播这份工作可以说是以体力取胜的工作。幸好我在美式橄榄球队练就了强健的体魄，才能精神饱满地做这份工作。尽管如此，不得要领还是很吃力，所以我花了很多心思。比如，助理导播在现场就是跑腿的，导播会颐指气使地对我们说："哎，给我去买包烟。"我拼命跑去把烟买回来，还是会被说"好慢啊"。有时，刚帮这个人买完烟，就有另外一个人又叫我帮他买烟。说实话，我觉得这种工作做不下去也是很正常的吧。

于是，我想了个办法，我买了一条导播经常抽的牌子的香烟，放在储物柜里。当他们叫我去买烟的时候，我就从储物柜里拿出来一包。这样做不但轻松，还被导播夸奖："你还挺会来事的嘛。"

给人留下很能干的印象的秘诀是什么

还有一件事情我也花了很多心思。快要正式录节目前，助理导播经常连日熬夜。结果，越是认真工作的助理导播，因为熬夜多而筋疲力尽，到了正式录节目的时候，反而累得睡着了。这是最糟糕的。就算平时工作再认真，如果到正式录节目的时候不能好好干活就出局了，也不会得到导播的认可。

这一点我深得要领。我说"我去找素材"，然后就跑到之前找的补觉的地方睡10～15分钟。一天中如果能像这样补几次觉，就算一连几天熬夜，到正式录节目的时候也能精神饱满。所以上司和前辈很器重我，他们认为我很能干，就把我调到了电视台的决策部门——综合部。

其实我当时有些不满。因为和我一起入职的同事们纷纷晋升为导播，只有我一直是助理导播。后来我才知道，如果让我一直担任助理导播，现场工作会很顺利，因此上司和前辈们不肯放我走。但是，这样对我来说也是一件好事。助理导播和综合部等电视台里的各个部门都有密切的联系，我长年担任助理导播，和综合部的同事们也很熟。有一次，一位和我关系很好的前辈调到了综合部，创造了一个机会让我和综合部部门经理一起吃饭，前辈向部门经理拼命推荐我，然后我就成功调到了综合部。

因为我懂得要领，所以我很受领导器重，并且抓住了机会。我认为反正都要工作，懂得要领比不懂要领要好。不过，我知道懂得要领的作用是有限的。最终取得胜利的人，不是懂得要领的人，而是脚踏实地努力的人。这一点我深有体会。

考试也是一样。我上学的时候，就懂得考试拿高分的要领。我上课基本不太听课，也几乎不做笔记。考试之前，我会找成绩好的朋友借来整理得很好的笔记复印，然后一股脑地都记在大脑里。这样，我不用拼命用功也能维持还不错的成绩。

准备考京都大学的时候，我模拟考试都拿的是"A"，所以我就没有脚踏实地地努力学习。结果，我以应届生的身份和第一次以复读生的身份参加考试的时候，接连出现很离谱的失误，最后没考上京都大学。这段经历真的很丢人。而模拟考试没有拿到"A"的同学中，也有人顺利考上了京都大学。虽然我之前拿了很多次"A"，但因为我轻视考试，结果高考的时候落榜了；而原来成绩并不出众、脚踏实地努力学习的同学却考上了。这让我明白了上天只会眷顾脚踏实地努力的人。

只懂得要领也无法成功

还有一件事情让我印象深刻。我在前文中提到的京都大学美式橄榄球队的同学，他直到大四都是替补队员，却比任何人都用心练习。他身材矮小，跑得不快，作为美式橄榄球队员，身体条件并不好，但他一直脚踏实地地努力训练，终于在大四的一场重要比赛中被选为正式队员，在球场上大显身手。

在那次重要的比赛中，因为我在比赛前的集训中受伤了，所以我上场的机会很少。我一直坐在长凳上看他打球。他的身材明显比周围的队员矮小，跑得也慢，但是他为了弥补了这些缺点，准确地预测了对方球队的打法，精准地进行防守。

我再次回想起他对待美式橄榄球的态度。即使其他队员训练结束了，他也一个人反复进行基本练习。不仅如此，就连休息日他也在社团活动室里反复观看对手学校的比赛视频，把对方的战术研究得很透彻。正因为如此，他才能准确预测对方球队的打法。我不由得觉得"他实在太厉害了，我完全输给了他"。我反复回味着在我受伤以后，他对我说的话："你怎么受伤了啊？如果我有你这么好的身体条件，表现肯定完全不同。"这句话听上去并不是在表扬我，但我认为他是在激励我。就像他说的那样，我在训练时受伤是因为我没有专心训练，内心有些懈怠了。他也曾对我说过："你的身体条件很好，如果能更加勤奋练习，肯定能成为最棒的美式橄榄球选手，不要浪费你的天赋。"

他的这些话都深深地印在了我的脑海里。的确，我比他身体条件好，就算我不像他那样努力练习，在大学低年级的时候也能作为正式队员上场比赛。虽然我嘴上说着要拿日本冠军，却只能靠要领偷懒。水野教练也看穿了这一点。最后，我在重要的比赛前受了伤，几乎没法上场比赛。

抛弃短期关键绩效指标

只懂得要领的人是无法超过脚踏实地努力的人的。我做销售员以后，经常想起这一点。工作懂得要领固然重要，但最重要的是脚踏实地地努力工作。为了获得日本销售冠军的业绩，洗刷在京都大学美式橄榄球队时的耻辱，我绝不会忘记这一点。

我问自己：对销售员来说，什么最重要？得出的答案是，尽可能开发更多的客户，认真地面对每一位抽出时间和我见面的客户。认真思考眼前的客户的需求，尽全力推进工作。销售员需要做的就是脚踏实地地坚持做这些事情。所以，我决定抛弃短期关键绩效指标。刚做销售员的时候，我给自己定下了一周签下三份保单的关键绩效指标。现在，我已经不为自己设置这种关键绩效指标了。

当初，我为了完成关键绩效指标，犯了强迫后辈签保单的错误。我是一个软弱的人，如果感受到短期关键绩效指标带来的压力，我可能又会犯同样的错误。比起追求关键绩效指标，我认为更应该做的是诚实地面对每一位客户，脚踏实地地积累信任资产。

当然，我不会放弃成为日本销售冠军的目标。我把保诚人寿保险公司过去的数据都找出来研究，大致了解了曾经拿到日本销售冠军的人的业绩，然后反向推算，算出自己该拜访多少位客户，才能接近这个数字。

接下来，只要决定一周该拜访多少位客户，然后去执行就好了。这不是关键绩效指标，而是我对自己的承诺。我承诺自己要去做，然后去兑现这个承诺。脚踏实地地践行自己的承诺，这成为我的习惯，也让我成为无论如何都要信守承诺的人。

剩下的就是认真面对眼前的客户了。一封邮件、一通电话、一份提案书、一次见面……每个细节我都站在客户的立场考虑，绝不敷衍，认真做好每件事情。我相信如果能这样脚踏实地地不断努力，肯定会有相应的成果。另外，我尽量不去注意与对手之间的竞争。每周公司都会更新业绩排名信息，我会看自己与第一名之间的差距，但我一次又一次地告诉自己，我应该做的不是缩短差距，而是要脚踏实地地做好自己应该做的事情或正确的事情。

正因为如此，我才能在入职第一年就成为日本销售冠军。我相信，成绩不是做出来的，而是自然而然显现出来的，脚踏实地地努力工作对销售工作很重要。

抓住机会的人的思维方式

陷入危机时，正是考验思维方式的时候

人们常说，危机就是转机。我认为这句话是真理。陷入危机时，第一糟糕的是不去正视自己陷入了危机；第二糟糕的是认为自己已经不行了就放弃了。要想生存下去，就要认清自己陷入危机的现实，从中寻找转机，这种思维方式很重要。已经发生的事情无法改变，但怎样解释这种状况却是每个人的自由。陷入危机的时候，你是被负面情绪支配，还是寻找隐藏的转机，选择不同，人生也会大不相同。

实际上，人们在任何情况下都能找到转机，这一点我深

有体会。比如，我父母的生意破产，我不得不从早稻田大学退学。这明显是人生的一大危机，但是如果换个角度思考，这对我来说也是一大转机。因为父母破产，我不得不从早稻田大学退学，所以才有机会再次挑战自己，考取之前落榜两次的京都大学。

当时我还面临另一个危机，那就是距离考试只有两个月了。正因为如此，我在危机中爆发出了惊人的力量，我告诉自己无论如何都要考上京都大学，于是拼命努力学习，终于在第三次顺利考上了京都大学。

说实话，面临危机时真的很痛苦。但是，这样的经历让我坚信"危机就是转机""任何情况下都能找到转机"，这种信念一直支撑着我。

做销售员以后，我经历过被客户要求解约等大大小小的危机，好像基本上每天都有危机（人生本来就是一连串的危机，不，或许应该说是一连串的危机组成了人生）。但是，无论遇到什么状况，我都相信"没关系，会有办法的""肯定能把这次危机变成转机"。这样的信念对我有很大帮助，让我遭遇挫折时也不灰心丧气，一直努力做出成绩。

如果被放鸽子，就把多出来的时间当成礼物

尽管如此，陷入危机时我还是会沮丧，这是人类正常

的反应。这种时候我会对自己说一些鼓励的话。遇到痛苦的状况时，我就对自己说"事情变得有趣了""来吧，正合我意"。这样就能切断消极的思维方式，切换到从处境中寻找积极材料的思维方式。

比如，我被客户要求解约、销售工作遇到瓶颈的那段时间，我的业绩非常差。能约到客户见面时我就高兴，约不到客户见面时我就沮丧，整天拼命在外面跑业务。有一天，我为了拜访一位刚工作两年的金融界人士，从东京市中心的办公室出发，前往横滨①一家高级酒店的咖啡厅。我们约的是晚上8点半见面。但是，我刚到咖啡厅坐下来，正要点咖啡的时候，手机响了。客户对我说："对不起，我临时有个聚餐，帮我取消今天的见面吧。"我被放了鸽子。

对销售员来说非常重要的见面，对客户来说不是什么重要的事情。所以，我经常对自己说，要做好被客户放鸽子的心理准备。但是，每次被放鸽子的时候，我还是很失落。而且，对方是刚刚工作两年的年轻人。我从东京市中心专程来到横滨，刚刚还点了一杯超过1000日元的咖啡……说实话，我很生气。但是，再怎么生气，也无法改变我被放了鸽子的现实。所以，我对自己说："挺有意思的嘛。"我又问自己：

---

①　横滨距东京约30千米。——编者注

"哪里有意思啊？"这时，我脑海里浮现出这样的想法："被放了鸽子，我就有时间了。这多出来的时间就当送给自己的礼物吧。"

于是，我打开脸书浏览了一下，看到好朋友发帖子说正在吉祥寺①的一家知名烤肉店吃饭。我想："就去这里吧。"那位朋友正和他的朋友一起吃饭，如果我能认识他的朋友，或许对我的工作有帮助，而且那家店也是我一直想去的名店。于是，我立刻跑出咖啡厅，花了90分钟来到那家店（到店里的时候，已经是晚上10点以后了）。

我这样做是对的。朋友向那家店的老板介绍了我，老板很欣赏我。

"你怎么来了？"

"哎呀，我在横滨被客户放了鸽子，就来了。"

"你从横滨过来的？你真有意思啊。"

虽然我有点自暴自弃地跑到这个店里来，但仔细一想，一般人被放了鸽子以后，是不会花90分钟从横滨跑到吉祥寺的烤肉店来的。不过，就是因为做了这种有点不同寻常的事情，那位老板才会对我这个人感兴趣。

"你说的是关西话吧？我是大阪人，你是哪里的？"

---

① 日本东京的地名。——编者注

"我家在大阪的生野区。"

"那离我家很近啊。"

老板对我很关照，还说"下次再来啊，直接跟我预约就行了"。这家店平时很难预约上，就算想来也不是随时能来的，而我却得到了跟老板直接预约的"特权"。后来，我很快又去那家店吃饭了。

成为名店的老客户的秘诀，就是一段时间内频繁光顾那家店。所以，我每周都带朋友去那店吃饭。这样我就成为店里的老客户，和老板越来越熟。老板找我买了保险，还不断帮我介绍其他客户。而且，只要和别人提起带朋友来过这家很难预约的店，就有机会和平时较难见到的人一起吃饭。于是，我以这家很难预约到的店为职业舞台，结下了很多缘分。

沮丧不会让好事发生

有一天，我发现，我能成为这家店的老客户，在这里认识很多客户，说到底都和我在横滨被人放了鸽子有关。被放鸽子的那一瞬间，我既失落又生气。因为那段时间我的业绩不好，所以被放了鸽子后我还冒出了"我果然不行"的想法。但是，如果光是沮丧或借酒消愁，也改变不了现状。我对自己说"挺有意思的嘛"，转换了思维方式，把"被放鸽子"重新解释为"多出了时间"，正因为如此，我才能结下很多缘分。

像这样，即使陷入不利的状况，只要把它当成转机，采取行动，就会产生完全不同的结果。当然，在很多时候或许什么都不会发生。但是，如果不采取行动，肯定不会发生任何改变。所以，越是陷入危机的时候，越要积极地采取行动，因为谁也不知道会在什么地方出现转机。

因为我还有很多这样的成功经历，所以我认为我很幸运。无论是两次考京都大学落榜，还是父母破产的事，我都发自内心地认为我很幸运。现在回想起来，如果当时没有这些让我感到痛苦的事情，就不会有现在的我。如果当时我应届就考上了京都大学，或许我会轻视在接下来的人生里遇到的问题，之后可能会栽大跟头。正因为我不止一次落榜了，我才能察觉到更重要的事情。这样想来，连落榜两次都是幸运的事情。

在不利的状况中寻找机会的人能够抓住好运

我跟心理学家大吾①（DaiGo）很熟，他跟我讲过一个有趣的心理实验。这个实验设定了"钱掉在路上"和"当红女演员在咖啡馆里"的情景，然后观察认为自己运气好的小组和认为自己运气不好的小组的反应。

---

① 日本知名读心师，著有《高效阅读：掌控知识的魔法》《图解专注力》等多部畅销作品。——译者注

你们猜结果怎么样？认为自己运气好的小组，不但发现了掉在路上的钱，进咖啡馆以后还发现了女演员。而认为自己运气不好的小组，既没发现掉在路上的钱，进咖啡馆以后也没发现女明星，只是喝了杯咖啡而已。

我很认同他讲的这个实验。认为自己运气好的小组和认为自己运气不好的小组所处的情景是一样的，都是"钱掉在地上"和"女演员在咖啡馆里"。不一样的是寻找有没有好事发生的人能发现机会，所以才会认为自己运气好。正是因为认为自己运气好，才会想去寻找有没有好事发生。这样，有一部分人就能抓住机会。我也想过这样的人生。

相信0.00001%的可能性

销售员有无限的机会

有件事情至今仍令我印象深刻。那是我刚进入保险行业的时候，走在涩谷的繁华街头的事。一位客户给我打电话拒绝了签单。因为这位客户是还差一步就能签单的客户，所以我格外失落，突然感觉眼前一片漆黑。街头的人群熙熙攘攘，我站在繁华的街头中央，感觉好像只有我与这个世界隔绝了似的，渐渐听不到周围的声音了，我感到非常孤独。在那一瞬间，我看到了至今仍令我印象深刻的一幕。不过，我之所以忘不掉那一幕，不只是因为我深受打击，还是因为那一幕是我当时看着繁华街头川流不息的人群时发现的。

"看看吧，世界上有这么多人。仅日本就有1.2亿多人。实在不行的话，大不了去跟所有人搭话。现在不是沮丧的时候。"那一瞬间，为了不让自己更加沮丧，我硬是找出了积极面对未来的论据。不过，我现在仍然认为这种想法是对的。销售员没必要为工作发愁，因为世界上有好几十亿人，只要能跟他们一个个地搭话，肯定能找到活路。

从那以后，只要有发展成客户的可能性，无论多么陌生的对象，我都会主动跟对方搭话，比如出租车司机。乘坐出租车的时候，我会给司机递名片，同时用稍微夸张的方式讲述我从TBS电视台离职，成为销售员的原因，以及我为了成为日本销售冠军而拼命努力的经历。因为在我之后乘坐出租车的人有可能是高收入的人，如果他们跟司机聊起"正在为遗产而发愁，听说买保险是个好办法"的话题，这时，司机就可以说"刚才有位保险销售员留下了名片，他看起来很有干劲，或许是个值得信赖的人"，这就有可能对我的工作有帮助。

我在路上看到孕妇的时候，我也会主动跟对方搭话。夫妇往往会在孕期考虑买人寿保险。所以，我会注意在不失礼貌的前提下跟对方搭话，一边说"如果有需要的话，请与我联系"，一边递出名片。

我在餐饮店也花了一些心思。我基本不会去连锁餐饮店消费，而是短期内去老板亲自打理的店里消费好几次。而且，我一定会找机会和老板说话，并递出名片。跟老板熟了以后，老板的老客户中如果有人想买保险，或许老板就会想起我，把我介绍给对方。这是只有去老板亲自打理的店才能办到的事。反正都要花时间吃饭，与其选连锁店，不如选能直接见到老板的店。像这样，我会在日常生活中的所有场合，提醒自己不要忘记寻找发展新客户并采取行动。

正是因为不安，才能主动出击

还有一件事我也经常做。我和客户在咖啡馆见面的时候，经常碰到同行在隔壁桌向客户推销保险。这时，我会竖起耳朵仔细听他怎么说。在听的过程中，我有时会发现同行正在强行向客户推销对客户不利的保险。

这种时候我实在无法假装不知道。虽然我知道去搭话会被当成可疑人士，我会等他们谈完了，同行先离开后，再去说"打扰了"，并向那位客户递出名片，详细说明不能买那份保险的原因，告诉对方"如果有需要，请随时与我联系"。

即使这样到处发名片，我也很少通过这种方式获得新的业绩。大部分签单的客户还是来自现有客户的介绍，这一点没有变。但是，我相信，为了尽可能多地拓展开发新客户，这样主动出击是有意义的。因为我的内心深处非常不安，所以才会抓住仅有的那点可能性。即使可能性很小也没关系，我还打算继续这样做下去。

另外，还发生过这样一件事。有一次，我在一家大型广告公司二楼的咖啡馆里结束了与客户的商谈，正在整理资料的时候，发现那家大型广告公司的董事和税务会计师正在隔壁桌开会。我像往常一样竖起耳朵，听到税务会计师说："××先生差不多也该考虑买人寿保险作为遗产继承对策了吧。"

我听了以后，虽然脑海中涌现出"递出名片或许会被讨厌"的杂念，但是否递出名片，等于在能否拓展新客户的机会中二者选一。所以，我还是递上名片，跟对方打招呼。当然，他们两位都露出被打扰了的表情，像要赶我走似的。不过，我还是笑着说"如果有需要，请随时与我联系"，并马上离开了。

我离开咖啡馆，走在街上时，手机响了。是前几天签单的一位客户打来的电话。他说："我想给金泽先生介绍一位客户，是一位私立医院的医生……"我听了以后，高兴得差点跳起来。那一瞬间，我想，因为刚才递了名片，上天看到我这么拼命努力，所以这样奖励我……虽然我没有任何宗教信仰，但是我当时还是不由得这样想了，我认为相信这一点是有意义的。

不需要理由，哪怕只有0.00001%的可能性，我还是会拼命努力付诸行动。如果能这样脚踏实地地不断努力，好事就会以某种形式到来。只要能坚信这一点，无论遭遇怎样的挫折，你都能积极向前。

销售自己相信的产品本来就不是一件坏事。我销售的保险是一种无形的产品，所以很少有人能理解这种产品。把关于产品的正确知识或信息传达给客户，不是一件坏事。既然如此，就没什么好害怕的，大大方方地做自己该做的事情就好了。就算被人认为脸皮厚，也要勇敢地向前迈出一步。要把自己相信的产品尽可能详细地介绍给更多的客户。如果持续付出这样的努力，机会总有一天会到来。

培养强迫自己行动的强制力

"做还是不做，哪个更能使我出类拔萃？"我经常问自己这个二选一的问题。工作和人生都是由一连串的"做与不做"的选择组成的，每个瞬间做出什么样的选择，可能会导致结果出现天壤之别。

我是个软弱的人，我知道如果放任自己不管，就会避难就易。所以，我问自己这种二选一的问题，就是防止自己避难就易。

"虽然很累，要不要再发一封邮件呢？"

"要不要再做一份给客户的提案书呢？"

"我还很困，要不要继续睡呢？"

"明天要早起，今晚要不要喝酒呢？"

我这样自问自答了几千次、几万次，但有时还是会避难就易，不过大多数时候，我能坚持下去，是因为我知道自己软弱，不断地逼自己做出二选一的选择。但是，完全依靠自己的意志力也有局限性。工作进展不顺利的时候，危机感就会变成动力。而当工作稍微顺利点的时候，就是特别危险的时候，如果这时放纵自己，对自己说"今天就算了吧"，业绩很快就会下降。人是意志力薄弱的动物，所以，我尽量想办法让自己不要只依靠自己的意志力，所以我主动建立一种机制来强迫自己更好地行动。

不要违背承诺

我住在公司也是因为想培养强迫自己行动的强制力。家里太舒服了，我待在家里就会进入懒惰状态。而且，家里还有我爱的妻子和可爱的孩子们。全家一起热热闹闹地玩起来后，就很难回到工作状态了。结果导致工作半途而废，我也会因为工作没做完而感到焦虑，工作和陪家人都无法做到让人满意。所以，我才决定工作日住在公司。如果这样告诉妻子、分公司的同事和客户们，我就不能厚着脸皮回家了。说实话，我很想家，有好几次都想过"今天回家吧"。但是，如果真这样做，就太丢脸了。所以我只好强迫自己住在公司，努力工作。

不仅如此，我在公司睡觉的时候，还故意不铺垫子。因为如果睡得太舒服，第二天早上起来反而会浑身难受。那时，我一般晚上10点左右回公司为第二天的工作做准备，加班到深夜，接着去附近的澡堂蒸个桑拿，回公司以后就裹着睡袋睡觉。晚上入睡时，已经是凌晨两三点了。尽管如此，我第二天早上还是六七点起床，等同事都到公司的时候，我已经做完一部分工作，准备出门见客户了。但是，如果睡得太舒服，早上六七点是起不来的。所以，我故意不铺垫子，强迫自己能在第二天早起。不过，周末回家的时候，我会特意从周六或周日中挑一天睡7小时。工作日睡得少，工作时间长，这种生活之所以能坚持下去，是因为我给自己准备了"只要努力5天就能好好睡1天"的小小奖励。

另外，和客户提前几周就约好时间，把日程排得满满的，也能发挥强制力的作用。工作有顺利的时候和不顺利的时候。没有干劲的时候，工作就容易拖拖拉拉，但如果和客户约好时间，就不能拖延了。为了和客户见面，需要做好各项准备。就算没有干劲，为了和客户见面而行动起来，心态也会变得积极向上，还会遇到好事。走出低谷最好的特效药就是行动起来。于是，为了强迫自己行动起来，我会把几周之后的日程都排得满满的。这是我为"将来那个没用的自己"准备的"爱的鞭策"。

我每年会休两次一周左右的假，我会利用假期带家人出国旅游。在回日本的当天我就会安排与客户见面。这样做除了能强制自己倒时差，还能迅速切换回工作模式。我很了解自己，如果在国外休一周以上的假，我会给自己找各种借口，无法立刻切换回工作模式。所以，我回家冲个澡以后，会马上出门见客户。这样就能强迫自己回到平时的工作模式了。

回日本当天见到我的客户都会很惊讶地问："啊？你今天刚从国外旅游回来啊。这么快就开始工作了？"这也能成为一个很好的聊天话题。

强制戒酒的方法

从某一天开始，我晚上出去聚餐都会开车，这也是为了发挥强制力的作用。我本来特别喜欢在聚餐时喝酒，如果不节制，我能一直喝到天亮，第二天早上会特别累。但是，对第二天早上第一个和我见面的客户来说，我喝到早上累不累跟他一点关系都没有。因为我很清楚自己喝酒以后会找借口不好好对待第二天的工作，所以，我把酒戒了。于是，我决定开车去聚餐。

在这之前，即使我坚定地发誓"今天不喝了"，也会变成"喝一杯也行""喝两杯也行""今天就先不戒酒了吧"。但是，如果开车去，就算想喝酒也不能喝了。总之，我完全不相信自己喝酒时的意志力，所以才利用了"酒后驾驶违法"所产生的强制力。于是，我成功戒掉了酒，工作的准确度也提高了。

奇迹属于有准备的人

要想改变销售方式，必须度过忍耐期

我相信奇迹会发生，因为我经历过奇迹。我加入保诚人寿保险公司的第一年，就在全日本3200名保险销售员中脱颖而出，业绩排名日本第一，这在任何人看来都是奇迹。然而，刚开始虽然在我下定决心要成为日本销售冠军以后拼命追赶，但还是无法缩短与业绩第一的同事之间的差距。而快到年终结算日（3月末）的时候，发生了多个奇迹，才逆转了局势。

下面大致回顾一下我入职保险公司第一年的经历。我是

2012年1月入职的。在一个月的研修期结束之后，我开始了实际的销售工作。通过最大限度地积累拜访客户的基数，在刚开始的两三个月里业绩还不错。但是，新年度（新的财年①）开始后不久，一味地推销的弊端就开始显现了。我的客户中有好几个朋友批评了我的销售方法。到了5月，我经历了被后辈要求解约的重大挫折。

之后的两三个月，我的业绩很差，于是我抛弃了一味地推销的销售方式，切换成积累信任资产的销售方式，反复摸索。同年8月，我的长子出生了，这让我下定决心成为日本销售冠军。有位客户从别的公司那买了保险，我还是对他说他买了一份很好的保险，于是他便为我介绍了新客户，让我知道不强行推销的销售方式是对的，状况逐渐开始好转。

尽管如此，那段时间我还是过得很辛苦。因为刚刚换用不强行推销的销售方式时，我的业绩并没有太大起色。但是，如果这时一着急又回到一味地推销的销售方式，就前功尽弃了。所以，6—9月，我一直忍耐着焦急的心情，告诉自己集中精力积累信任资产，拼命努力。进入12月以后，情况才开始发生变化。在与之建立起信任的客户中，有越来越多的人给我

---

① 日本的财年是指当年的4月1日至次年的3月31日，公司可根据自身情况决定会计期间的起始月份。——编者注

介绍新客户。这种倾向从过完年开始发展得更快，我的业绩节节攀升。

从2013年2月中旬开始，我暂停开发新客户。为了成为日本销售冠军，我决定在财年年末前把业绩最大化，专心服务已经进入商谈阶段的客户。但是，当时业绩第一名的销售员的业绩远远甩开了第二名及以后的人，这么看来，我想成为第一很不容易。每周看公布的排名时，我都会因为自己和第一名之间的差距而感到沮丧。但是，我告诉自己"不要把注意力放在竞争上，要为眼前的客人竭尽全力"，脚踏实地、认真仔细地为每一位客户服务。

从2013年2月底开始，奇迹出现了。我在上文中提到过，我的长子出生后的那段时间，我在轻井泽旅行时打电话约客户见面的事。当时我想，不约到10位客户就不罢休。我花了几个小时终于达成了目标，然后我决定再约1位客户。这时，我鼓起勇气给一位之前一直没能联系的客户打了电话。他是我在电视台工作时认识的一位老板，我告诉他我从电视台离职的事时，他还难过地说："我本来还想和在电视台工作的金泽先生一起做些有趣的事呢，好遗憾啊。"因为之前我和他相处得还不错，所以我一直避免为了保险销售的事厚着脸皮给他打电话。但是，这位老板很欢迎我给他打电话。他很快就和我约时间见面了，还从我这里买了保险，说是给我入职保险公司的贺礼。过完年以后，他又联系我说："我的妻子因为遗产继承的问题正在考虑买保险，请你跟她讨论一下。"

涉及经营者的继承对策，保额肯定很高。这件事听起来就像奇迹一样，那一瞬间，我甚至怀疑自己听错了。我很快就和他妻子见面了，2013年3月上旬，他们签了保单，我离成为日本销售冠军又近了很多。

客户的生日带来了奇迹

还有一件事情也可以称为奇迹。2013年2月，我通过介绍认识了一位女老板。在第一次见面时，那位女老板听说我的目标是成为保诚人寿保险公司在日本业绩第一的销售员以后，很欣赏我，马上和我约了第二次的见面时间。不过，这位女老板很忙，第二次的见面只能留给我15分钟，让我15分钟之内展示完方案。但实际见面时，她一个人就讲了15分钟以上。我在心中长叹了一口气。她对我说："不好意思，我们可以再见一次吗？"

但是，她和我约的下次见面的时间是2013年3月的第3周。保诚人寿保险公司计算年度业绩的截止时间是3月15日，所以3月第3周再见面就赶不上年度结算时间了。正当我觉得"没办法了"并准备放弃的时候，我突然注意到这位客户的生日。这也是个奇迹，因为这位客户的生日是3月14日。我告诉她生日过后保费就会提高，她说："这样啊，那可真伤脑筋啊。那你在我生日前能过来与我见面吗？"她和我约了3月13日早上见面，我也顺利签下了高额保单。

一份保单改变了命运

最后的关键在年度最终日的3月15日那天。快到年度最终日的时候，上文中我提到过的曾经介绍给棒球选手认识的那位税务会计师给我打电话，说她的娘家在大阪拥有一家老字号公司，她弟弟继承家业当了董事长，希望我和她弟弟见个面。我马上去大阪和她的弟弟见了面，他说："我还没买保险，请帮我设计适合我的保险方案。"然后，我们通过电话和邮件交流，慢慢拟订了合适的保险方案，但是能不能在3月15日前签约就不好说了。这时，他突然联系我，说他3月15日要来东京出差。我一问才知道，他乘坐的那趟新干线是中午12点多到东京。保诚人寿保险公司计算年度业绩的截止时间是下午2点，所以我这样拜托他："我会在新横滨站乘坐那班新干线，能请您在车上做保单的最后确认吗？"

他说，在新干线的车上不太方便确认，他会在东京站留点时间给我。于是，我们在东京站的一家嘈杂的面包店的一角见了面，我向他说明了保单内容。我所属的分公司的负责人就在店外面等着我，每签完一份合同就给我带回公司，总算在下午2点前签完了所有合同。

后来我才知道，如果这份合同没有在下午2点前送到公司，那年我就是第二名了。一直排名第一的那位销售员为了不被其他人超越，年度末也在拼命冲业绩，如果我的那位客户没有乘坐3月15日12点到东京的那班新干线，我也只能是第二名了，我是险胜，所以这确实是个奇迹。

如果不把馅饼放到天上，天上绝对不会掉馅饼

或许有人会觉得，这不就是碰巧天上掉了个馅饼吗？如果说我只是碰巧一直运气好，才成为业绩第一的销售员，我没打算否认这一点，因为事实确实是这样。但是，光躺在那里，而没有人把馅饼放到天上，天上是不会掉馅饼的。也就是说，如果不拼命努力把馅饼放到天上，就不会出现这样的奇迹。

我一直都在不断努力，脚踏实地地增加信任我的客户的基数。我追求的不是眼前的业绩，而是与客户建立"如果要买保险，就找金泽买""如果朋友想买保险，就介绍给金泽"的信任关系。为此，我珍惜每一天的工作，珍惜每一次和客户见面的机会。而且，销售是概率论。只要能增加信任我的客户的基数，愿意找我买保险或介绍朋友买保险的客户肯定会越来越多。所以，我认为奇迹是可以创造的。只要脚踏实地地积累信任资产，奇迹自然会出现。奇迹不是求来的，而是做好准备以后自然出现的。

第 6 章

善于运用影响力

学会放手才能开拓新的可能性

入职保险公司的第一年，我就拿到了日本销售冠军的殊荣，我的内心却很焦虑。公司给我颁发了德莱顿奖，让我有幸在众多优秀的同事前发表获奖感言，也获得了周围的人的祝福，这让我感到很开心。但是，这对我来说也是一种压力。我怕我只是闪耀一时，担心下一年度做不出好的业绩，害怕得都想吐了。而且，眼前的状况真的很糟糕。因为我从2013年2月开始就停止开发新客户了，所以进入新的财年年度以后，我几乎没有什么有望签约的客户。也就是说，我得从头积累客户基数才行（实际上，4—5月我的业绩确实急剧下降了）。

所以，我决定继续过"睡袋生活"。也有人对我说："你都拿到了日本销售冠军，就不用这样了吧？"但我认为，正是因为拿到了日本销售冠军，所以才要继续努力。拿到日本销售冠军以后，如果受到周围的人的吹捧就变得高傲起来，最后做不出好的业绩才丢人。我认为，正是因为拿到日本销售冠军，所以更要拼命努力工作，这才是正确的生活方式。

美式橄榄球名将教给我的战术是什么

我这样想也和京都大学美式橄榄球队的水野教练有关。我在上文提到过，水野教练非常严格。就算只是一次练习，他也不会让我们没有任何压力地轻松打球。他严格要求我们在训练时也要在地上摸爬滚打，练到浑身是泥，给我们的压力比在正式比赛时还要大。当时，这让我们非常痛苦。但是，为了能让京都大学美式橄榄球队获胜，这是非常合理的训练方式。对手学校的球队高手云集，所以，只会用功读书的京都大学美式橄榄球队不可能靠轻松华丽的招式战胜对方。因此，轻松的训练是没有意义的。

那么，作为弱者的京都大学美式橄榄球队获胜的方法是什么呢？那就是咬紧对手学校的球队里体能和球技优秀的精英选手，让他们使不出华丽的招式，把他们拖进泥潭般的苦战中，对他们死缠烂打。当这个战术成功时，京都大学美式橄榄球队才有机会获胜。所以，水野教练才会在平常训练时严格要求我们。

我成为保险销售员以后，深知自己的力量非常渺小。就算在保诚人寿保险公司成为日本销售冠军，也改变不了我力量渺小的事实。既然这样，作为弱者的我为了抓住成功的机会，只能拼命努力工作了。这就是水野教练教我的"弱者战术"。

所以,我决定入职第二年继续过"睡袋生活"。和第一年一样,增加拜访客户的基数,不追求眼前的业绩,脚踏实地地积累信任资产(当然,我也在不断改进工作方法,但做的事情基本都是一样的)。结果,入职第二年,我也以个人保险前年度业绩为基准,再次拿到了日本销售冠军。入职第三年,我依然过着"睡袋生活",成了一流的人寿保险金融专业组织"百万圆桌会议"会员基准6倍的"顶尖会员"。在日本120万名注册寿险规划师中,每年只有大约60人获此殊荣。能够获得这一殊荣,对我来说是件非常光荣的事情。

介绍要从上往下

不过,入职满三年后,我想,如果继续采用这种工作方式,肯定能持续做出成果,我有这样的自信。但是,我不能聘请助理帮忙,只能白天在外面跑业务,晚上回公司处理文书工作或制作资料,加班到深夜,然后裹着睡袋睡觉。这种工作方式不能持续一辈子,于是我决定改变工作方式。有些销售员没有像我这样按部就班地工作,仍然能持续做出业绩。我观察他们是怎样工作的后,发现答案非常简单。总而言之,他们瞄准的是高端客户。保险销售这份工作,比起签100份小额保单,有时签下一份超大额的保单业绩会更好。所以,他们大多做的是法人业务或遗产继承业务，他们开发的客户也以高收入人群为主。

就连堪称保险销售命脉的"介绍"，他们也遵循"从上往下"的原则。比如，如果能获得企业经营者的信任，就能让企业经营者帮忙介绍董事。如果能获得董事的信任，就能让董事帮忙介绍部门经理，部门经理再介绍科长，科长再介绍普通员工。也就是说，如果能获得有影响力的人物的信任，销售员就能借助对方的影响力，不断拓展客户数量。我之前没想到这一点，只是专注于珍惜眼前的缘分。为了超过以高收入人群为主要客户群的竞争对手，我只能减少睡眠时间，增加客户基数。

于是，我也开始考虑采用和他们一样的战术，转型开发以企业经营者为代表的高收入人群。当然，只要是有缘认识的客户，就算他们买的保险价格不高，我也会像之前那样诚心诚意地对待。但是，面向这类客户的网络保险服务已经普及了，实行佣金制的我没必要去积极争取这样的客户。今后，我决定转变工作方式，集中精力开发高收入人群的客户。

不要一直紧握着手

但是，我不知道该怎么做。之前，朋友或客户介绍的人中，刚好有人是董事长。但是我从来没有靠自己的力量开发过高收入人群的客户。我连去哪儿能遇到董事长都不知道。我认为现在的战术无法一直持续下去，必须找到开发客户的新方法。于是，我决定先放弃"睡袋生活"。

"睡袋生活"虽然辛苦，但也是令我安心的源头。如果靠"睡袋生活"把工作量增加到最大，肯定能做出成果，这一点我是有信心的。所以我很害怕放弃这种生活。但是，我在之前的人生中学到了放手的重要性。比如，我父母破产的时候，我放弃了早稻田大学的快乐生活。我在早稻田大学有良好的人际关系，说实话，放手让我很痛苦。不过，正是因为放手了，我才觉得考不上京都大学就只能工作了，化压力为动力，考上了京都大学。我从TBS电视台离职，加入保诚人寿保险公司时也是这样。正是因为放弃了TBS电视台的优越环境，逼了自己一把，才实现了"在日本一流的销售公司成为日本销售冠军"的目标。如果一直紧握着手，就无法抓住新的东西。要想得到什么东西，必须先放开手。放手的东西越大，得到的机会就越大。这是我从亲身经历中学到的。所以，我相信，如果放弃"睡袋生活"这个令自己安心的源头，肯定能找到适合自己的新的战术。正是因为害怕放手，放手才有意义。学会放手，才能开拓新的可能。

只做自己认为正确的事

先模仿成功者

怎样才能认识企业经营者呢？这是我放弃"睡袋生活"以后面临的最大问题。我完全不知道该怎么做。这时候，模仿成功者就是捷径，我决定模仿成功开发出很多企业经营者客户的销售员。他们有一套固定模式，那就是和税务会计师联手。几乎所有的公司都有税务会计师，在做与金钱相关的决策时，税务会计师对企业经营者产生的影响力很大。比如，税务会计师只要说"买保险对资金周转和继承问题都有好处，我给你介绍个值得信任的保险销售员吧"，大部分企业经营者应该都会考虑和销售员见面。

像这样通过借助税务会计师的影响力，就有机会认识企业经营者（当然，销售员要付给税务会计师介绍费），这在保险界被称为"税务会计师营销"，这确实是一种合理的销售方法。所以，我很快就尝试了。我拜访了很多税务会计师，拜托他们帮我介绍与企业经营者认识。实际上，确实有人帮我介绍企业经营者。但是，这时候我总觉得和税务会计师联手很不对劲。

其实我从一开始就觉得不对劲了。因为在跟那位税务会计师介绍的董事长第一次见面前，税务会计师就对我说："为了帮公司节税，希望能选这个方案，保费大约需要这些。"他提出的保费数额比较高。我想，这也太奇怪了吧，我才是卖保险的啊。委托人是董事长，我还没见到董事长，税务会计师就先决定了推荐方案，这确实很奇怪。跟董事长好好聊过之后，根据他的需求做出合适的方案，这才是我的工作。所以，当时我对税务会计师含糊地说："我先跟董事长见个面吧。"

实际上，我跟董事长见面聊了以后，发现税务会计师提出的保额对公司来说有风险。因为这家公司虽然营业额和利润提升了，但是现金流很少。这家公司从事的是制造业，现金的流出与流入之间有很长的时间差。而且，还必须有库存，实际上无法知道现金什么时候能收回。所以，让公司支付税务会计师提议的高额保费，或许对短期结算有很好的效果，但我认为，为了节税而让公司背负经营风险是错误的。

我把我的想法告诉了董事长。董事长也同意购买保险，最后签了比税务会计师提议的保费低很多的保单。但是，这引起了税务会计师的强烈不满。我见完董事长后，税务会计师就向我抱怨："你为什么要下调保费？我明白你的意思，但是我一直在看那家公司的现金流，你按我说的做就好了。"他最后还说了一句让我很震惊的话。他说："否则，我的抽成不就会减少了吗？"

我相信基本上没有税务会计师会说这种话，只是我碰巧遇到了这样的人。但是，这种时候感觉到的不对劲让我下定了决心，我条件反射般地决定不再和这个税务会计师合作了。

为眼前的客户提供优质的服务，实现彼此双赢，才是销售员的工作。我不可能为了自己的利益而从眼前的客户那里索取更多东西。我的原则是只做自己认为正确的事，所以我当场拒绝了那位税务会计师的提议。

不要依赖中介

最终，我决定不再使用"税务会计师营销"的方法。我必须强调，我认为有上述想法的税务会计师很少。我周围擅长"税务会计师营销"的销售员也没有人有这种想法，大家都在认真地思考怎样为客户提供优质的服务。只是这种销售方式不适合我。因为介绍人比托人介绍的人地位优越。也就是说，只要通过"税务会计师营销"的方式工作，主导权就掌握在税务会计师手中。这种不平等的工作方式不适合我，我想把工作的主导权掌握在自己手中。而且，我还可能会把税务会计师当成客户。如果和能干的税务会计师合作，或许能增加签下大额保单的机会。说实话，我确实很想要这样突出的业绩。但是，正因为这样才危险。如果和能干的税务会计师合作尝到了甜头，为了跟税务会计师搞好关系，我可能会忘记真正的客户是董事长，反而把税务会计师当成客户了。因为我知道自己是个软弱的人，所以才会害怕变成那样。因此，我决定在销售工作中不再与税务会计师合作。这不是说我不信任世上所有的税务会计师，我也认识很多优秀的税务会计师。但因为我知道自己的弱点，所以才决定不再使用"税务会计师营销"的工作方式。

我认为我的决定是对的。靠自己的努力开发企业经营者等高收入人群的客户，需要付出巨大的精力和努力，但是开发出这样有社会影响力的客户以后，和客户维系关系就不需要依靠税务会计师等第三方中介，而是与客户直接建立起一对一的关系。这样一来，销售员才能变得强大。在通过第三方中介与客户建立关系的情况下，如果销售员与第三方中介之间的关系恶化，就会破坏与客户之间的关系。也就是说，生杀大权都掌握在第三方中介的手中。但是，如果能与众多大客户直接建立起一对一的信任关系，就不用怕关系遭到第三方中介破坏了。通过这种方式变得强大，是值得销售员拼命争取的。

要自己创造答案

通往山顶的路有无数条

遇事不顺的时候，我经常会想象自己在登山。假设从登山口进山以后往山顶的方向爬，中途遇到山体滑坡阻断了去路。如果是你，你会怎么做？或许有人会觉得"这没法爬了"，然后原路返回，但我不会这样想。我认为可以找其他登山口进山，如果别的登山口也不行，不走登山道也能上山。从山脚下的任何地方都能上山。如果自己开辟出一条登山道，肯定能到达山顶。我认为通往山顶的路有无数条。所以，想通过"税务会计师营销"的方式认识企业经营者却进展不顺时，没必要灰心丧气。不用再坚持"税务会计师营销"这种方式（登山口），只要找别的登山口就行了。

接下来，我关注的是交流会。通过观察那些在法人业务方面业绩出色的销售员，我发现他们经常参加以企业经营者为代表的交流会，通过这种方式与客户建立关系。于是，我也立刻尝试参加各种交流会。因为这种时候最重要的是积累参加交流会的量，所以我短时间内频繁参加了很多次交流会。但是，采取新的行动等于一切又回到了原点。我在交流会上递出名片，有好几次对方的反应都好像在说："哎呀，就是个保诚人寿保险公司的啊……"

不过，我已经习惯被这样对待了。对方没有错，无法在见面5分钟内让对方觉得我很厉害是我的问题。如果用愤怒对待别人，愤怒的情绪就会变成一把刀，但用愤怒对待自己，它就会变成动力，让我觉得我必须好好提升自己，反而给了我成长的机会。

通过组织交流会创造自己的影响力

我通过参加各种交流会，明白了一些事情。

第一，虽然统称交流会，但参加者的类型各种各样。有的交流会的参加者都是让我想和对方建立关系的人，也有的交流会的参加者都是让我觉得合不来的人。交流会为什么会有这种差异呢？通过观察，我找到了答案。决定参加者类型的是主办者。如果主办者是我想进一步交往的人，我就能和他们组织的交流会的参加者愉快地交流。

第二，如果日后想和在交流会上认识的人加深联系，就需要借助主办者的影响力。虽说在交流会上交换了名片，稍微聊过几句，但日后对方不会再特意与我见面。因为他们知道我是卖保险的，对我会有警惕心。但是，当我跟主办者建立起良好的信任关系后，再给参加者发邮件打招呼时，如果把邮件抄送给主办者，他们的反应就会大不相同。给我回信的几乎达到100%，之后能进一步交往的人也变多了。

仔细想想，这也是很正常的事。他们去参加交流会，也是因为信任主办者，或者想跟主办者拉近距离。也就是说，交流会上最有影响力的是主办者。要想跟参加者建立关系，最重要的是能否借助主办者的影响力。

　　总而言之，要想通过参加交流会与企业经营者建立关系，与主办者的关系是关键。所以，我会谨慎观察主办者的人品，找到合适的主办者，与他们建立信任关系，同时，通过参加他们主办的交流会，努力与交流会上的众多企业经营者广结善缘。

　　为了做好这件事情，我用的方法和之前在销售工作中培养出来的方法完全相同，那就是帮需要实现愿望的人介绍有能力帮助其解决问题的人。帮忙牵起缘分，就能拓展缘分。我基于这个原则，不仅与企业经营者建立了良好的关系，还与律师、医生、政治家等各行各业的人建立了良好的关系。我不会一上来就向他们推销保险，而是让他们先认可我，觉得我是一个值得信任的保险销售员。有一天，当他们本人或周围的人有买保险的需求时，他们就会联系我。这就是我想建立的良好关系。

　　但是，过了半年左右，我又发现了一件事情。那就是根本没必要借助别人的影响力。我之前是借助交流会主办者的影响力与参加者建立关系的，但是，如果由我来做交流会的主办者，我也会有影响力。当时的我也拥有了组织交流会的实力。除了在之前的销售活动中培养的人际关系，我还参加过多次交流会，与很多有魅力的人结缘，我为他们牵线搭桥，他们很高兴。所以，参加我组织的交流会感觉有收获的人也越来越多。所以，我定期组织了交流会，拜托认识的人带他们的朋友来参加，为召集参加者而四处奔走。我作为交流会中最有影响力的主办者，与参加者建立起了紧密的关系。

不过，这种方式也有局限性。我通过组织交流会与很多人结缘。但是，因为交流会经常采用站着吃自助餐的形式，所以参加者大多是年轻人。在交流会这样的场合，我无法与上市公司的经营者建立关系。于是，我慢慢开始从组织交流会转向组织只有极少数人参加的聚餐，摸索与有影响力的人物建立关系的方法。这个方法给我之后的销售工作带来了巨大的变化，这一点后文中将会详细介绍。

像这样，我掌握了与企业经营者建立关系的机会。当初，我放弃"税务会计师营销"的方式，改为通过交流会认识客户。我一边借助交流会组织者的影响力广结善缘，一边摸索出自己当主办者这条新的路。最后，我从组织交流会转向组织少数人参加的聚餐，实现了与高收入人群建立关系的目标。

我放弃了"税务会计师营销"这个登山口，改为从交流会这个登山口上山。我一边在这条山路上走着，一边向"自己当交流会主办者"的路上移动，然后又向"组织少数人参加的聚餐"的路上移动。我感觉自己在登山途中，从山路不完整的地方拨开草丛，一心向着"与高收入人群建立关系"目标前进。最终，我开辟了适合自己的通往山顶的路。

我想起了京都大学美式橄榄球队的水野教练的话："在应试教育中一定有标准答案。你们通过考试考上了京都大学，但应试教育也有不好的地方，即让人们总想找到答案。这个世界上本没有标准答案，答案是自己创造出来的。"的确是这样。如果要问销售员获得成功的方法，100个销售员就有100种方法。所以，我的方法也不一定是正确答案。重要的是自己反复摸索，一直向着山顶前进。遇到山体滑坡阻断了登山道，可以绕到别的登山口，也可以走没有登山道的路上山。根据路况随机应变，不屈不挠地向着山顶前进，肯定能摸索出适合自己的登山路（正确答案）。

报答恩情，机会就会降临

组织高品质的聚餐，提高自己的价值

怎样与企业经营者等阶层建立关系，对销售员来说是一个重要课题。我不断尝试，最终摸索出了以"组织少数人参加的聚餐"为主的方式。为此，我改变了自己的生活方式。我会在工作日的傍晚前结束拜访客户的工作，晚上组织聚餐，与各界人士深入交流。

为了广结善缘，我也花了一些心思。一开始，我和朋友一起组织了多次"董事长联谊"。"董事长联谊"不是找女孩来参加联谊，而是只有董事长参加的聚餐。比如，做房地产销售的朋友邀请三位企业经营者，我也邀请三位企业经营者，一共八个男人一起聚餐。企业经营者们坐在一起分享愿景和烦恼，对参加者来说也是一件值得高兴的事。参加者有时还会在业务上产生协同效应，互相交流资源，还有人后来成为事业伙伴。这样的聚餐对参加者来说非常有价值，我作为主办者的价值也提升了。正因为如此，我后来才能与参加聚餐的企业经营者单独见面，培养出了稳固的关系。

聚餐一律实行AA制

我在聚餐时一滴酒都不喝。我在前文提到过，我去聚餐一定会开车，强迫自己不喝酒。我对客户说："其实我很喜欢喝酒，但是我想明天以最好的状态去见客户，为了管住自己不喝酒，我特意开车来的。"客户听了以后，很欣赏我对待客户的态度，这也是我组织的聚餐品质比较高的原因之一。

另外，聚餐一律实行AA制。或许有人会觉得销售员请客是理所当然的，但我认为这种想法是错误的（在白天的商谈中，销售员可能会承担客户的咖啡等费用）。我组织的聚餐不是为了让客户购买保险而讨好客户的招待会。我不会为了卖保险而组织聚餐（聚餐时不聊有关保险的话题），而是为了让包括我在内的所有参加者都能度过一段高品质的时光，让大家都带着对自己有帮助的收获回去。所以，参加者之间是平等的关系，谁请客或被请客都是不自然的事。

带着这种想法来的参加者，如果不实行AA制，他们反而会感到不满。这或许是因为他们觉得自己没有被请客的理由，而如果被请客反而有种亏欠了请客人的感觉。我相信正是因为大家有这种共识，所以才能建立长久的信任关系。

制作计划邀请客户的名单

一开始，光靠我的人脉还无法组织"董事长联谊"，我就采取和其他销售员共同组织的形式。随着我的人脉越来越广，我一个人也能组织聚餐了。为此，我经常制作计划邀请客户的名单。对于我从前认识的人，我会思考"这几位客户聚在一起应该会很开心""如果介绍这两位客户认识，可能会发生一些有趣的事情""这两位客户肯定很合得来"，从这些观点出发，决定聚餐成员，制作名单。

组织聚餐时，最有可能让大家度过美好时光的方法是把有共同点的人召集在一起。"第二代董事长聚餐""老乡聚餐""高尔夫球爱好者聚餐"……像这样把有共同点的人召集起来，即使是初次见面，他们也能马上熟络起来。只要大家熟络起来，不用主办者勉强活跃气氛，气氛自然会热烈，这场聚餐也会让大家共同度过美好的时光。

我还会提前安排好座位顺序。我会把参加者的年龄、社会地位、性格等因素都考虑进去，思考"谁坐谁旁边，谁坐谁对面比较好"，设计出能让气氛更加活跃的座位顺序。初次见面的人聚餐时，往往会互相谦让座位，迟迟决定不了座位顺序，提前安排好座位也能消除这种压力。

聚餐时大家不用做自我介绍，而是由我介绍每个人，这一点很重要。对不擅长自我介绍的人来说，自我介绍会给他们造成压力，靠他们自我介绍活跃气氛很难，等大家都做完自我介绍后气氛会很尴尬。所以，由我简短地介绍每个人。这样做的好处是，我能帮他们说出他们本人难以说出口的成就。比如，事业有成的企业经营者如果自己讲自己的成就，听起来就像是在炫耀。如果由我来介绍的话，我可以这样介绍："这位是去年企业营业额翻倍、状态绝佳的经营者××先生。"这样，其他参加者也能知道在座的人的重要信息，有助于后面的交流。被介绍的人听了以后心里也会很高兴。

我介绍完参加者以后，就让大家自由交流了。因为只有我认识所有在场的人，所以如果我太出风头，就会变成对话的中心。这样一来，其他参加者就很难熟络起来，因此最好尽可能让参加者掌握对话的主导权。如果看到有人说话比较少，就主动问他问题；如果聊天出现空白，就提出新的话题，协助所有人开心地度过聚餐时光。我有时也会主动讲自己在工作上的愿景与烦恼，营造出什么话题都能聊的氛围。

每个人都有远大的愿景，也有不为人知的烦恼，想找个安全的地方说给别人听。为了把我组织的聚餐变成这样一个让人放心的地方，我作为主办者有必要先与大家坦诚相见。听完参加者的心里话后，像思考自己的事情一样认真思考帮助对方实现愿景或解决烦恼的方法。如果主办者表现出这样的姿态，其他参加者肯定也会热心帮着出谋划策。这时，即使大家是第一次见面，也会互相支持。

不过，不是每次都会发生这样的情况。参加我组织的聚餐的人，包括企业经营者在内，都是努力经营人生的人，很多时候大家会对彼此的愿景或烦恼产生共鸣，聚餐也会积极向上、充满正能量。我提供了这样一个场合，过了一段时间，就有人向我表达谢意了。

前几天，我组织了一场聚餐，有七位经营者参加。他们彼此是第一次见面，但每个人都和我有多年的交情。一开始大家聊的是关于经营的话题，聊得兴高采烈，正当大家想喘口气的时候，突然有一个人说："我还记得我第一次和金泽先生见面时，是我的公司快要倒闭的时候。当时，金泽先生给了我很多鼓励，我才变得积极向上。"

接着，其他人也纷纷说了同样的话。

"我也清楚地记得认识金泽先生时的事。当时，如果下周筹集不到资金，我的公司就要倒闭了……"

"多亏了金泽先生介绍的人帮忙，推出了畅销商品，我的公司总算撑下来了。"

"金泽先生就是我的贵人。"

我听了以后很高兴。当然，我只是碰巧在那个时机认识了大家。不过，在聚餐等场合，无论听到多么痛苦的事情，我都会从中寻找积极的因素，只去思考和提出让事情好转的办法。如果这样做能对大家有所帮助，我真的会很高兴。

说到底，我和自己重视的人认识时，也常常是在我很痛苦的时候。正是因为在这种时候对方鼓励或帮助了我，我的内心对他们充满了感激之情。所以，我想用自己的方式报恩，为我认识的客户贡献一份力量。通过组织聚餐牵起人与人之间的缘分，也是出于这样的想法。

这样的关系给我带来了更多的机会。虽然我在聚餐时不聊保险销售的事，但大家都知道我是保险销售员。所以，当他们有买保险需求的时候，首先会与我联系。比如，有位客户我认识两三年了，有一天他突然给我发邮件说："3月结算后我的公司大约会有10万日元的利润，我想跟你讨论一下节税对策。"和我建立起这种关系的经营者基数越大，就越容易出现"天上掉馅饼"的事，于是每天都有人联系我商量类似的事宜。

自己先乐在其中很重要

我深切地体会到要想与企业经营者等人士建立关系，这一点有多么重要。如果只是把组织聚餐当成销售员的工作，肯定会有局限性。大家肯定能想象到企业经营者的身边除了保险销售员，还有各行各业的销售员。只要我以销售员的身份参加，他们就会认为我只不过是众多销售员中的一个。所以，我必须先打破"以销售员的身份参加"这一前提。要达到这个目的，最有效的方法是与大家分享自己喜欢或乐在其中的东西，与大家同乐。自己先乐在其中，参加者才会觉得开心。这时，销售员就会变成对大家来说特别的人。

就拿我来说，我很喜欢吃肉。作为销售员，无论是西式、日式还是中式餐厅，我都有一些常去的喜欢的店，用来当作和各种客户聚餐的场地。特别是提供我最爱的肉类料理的店，我不会把它当作和客户聚餐的工作场所，而是把去这类店聚餐当作自己的兴趣爱好。

我去遍有名的餐厅，找到自己喜欢的店，并多次光顾，直到成为老客户。这些店都是平时很难预约到的餐厅，和餐厅老板成为朋友后，就能获得优先预约的特权。我去这些餐厅不是为了提高业绩，而是为了实现自己"想吃到自己最爱的肉类料理""想和自己欣赏的人一起吃美味的肉类料理"的愿望，这个过程能创造出巨大的价值。

追求喜欢的事物才会产生特别的价值

假设在和我有交情的企业经营者所认识的人中，有位我很想见的名人。但是，就算可以请企业经营者介绍我们认识，我也很难和这样厉害的人一起吃饭。这时，平时很难预约到的店就能派上用场了。

就算是名人，可能也很难去平时很难预约到的店里吃饭。如果邀请他来这样的店吃饭，他或许会同意见面。如果他看到我和店里的有个性的老板很熟，关系很好，也会认为我很有能力。能预约到这种平时很难预约到的店，在某种程度上证明了我的社会地位。而且，来参加聚餐的人都是热爱肉类料理的人，大家聚在一起自然会很开心。因为开心，聊天就会活跃，连平时说不出口的真心话都能说出来，这样就能办成一场高品质的聚会。

像这样，极致追求自己喜欢的东西，与大家分享，就能和看似遥不可及的名人建立起关系。

用乘法效应把价值最大化

我的另一个爱好高尔夫球对我的工作也很有帮助。

我什么运动都喜欢，加入保诚人寿保险公司以后，我就迷上了高尔夫球。我迷上高尔夫球的起因，是我去看了在美国举行的高尔夫球盛典"美国高尔夫名人赛"（Masters Tournament，以下简称"名人赛"）。

我在TBS电视台工作时，曾经负责转播这个比赛，但我一直没去当地看过比赛，也没想过要去。而我喜欢并且常去的那家烤肉店的老板是狂热的高尔夫球迷，多年来一直去美国看比赛。有一天，他问我："要不要一起去看比赛？"当时，因为我还没打过高尔夫球，也不太感兴趣，所以我有些犹豫。但是我在TBS电视台工作时就知道，能去举办名人赛的美国奥古斯塔国家高尔夫球场看比赛本身就是一件很了不起的事情。观看比赛的入场券不是用钱能买到的。所以，这样的机会很难得，我就决定去看了。

我在现场看比赛时，坐在令高尔夫球手梦寐以求的地方，亲眼看到世界最高等级的比赛，感觉自己不打高尔夫球对高尔夫球及球手都很失礼。于是，我决定开始打高尔夫球，并开始自己组织高尔夫球比赛。

这件事给我带来了意想不到的价值。我开始打高尔夫球以后，和客户们见面时，只要一说"其实我开始打高尔夫球是因为我去看了名人赛"，大家就会很惊讶地问："咦？你是看了名人赛以后才开始打球的吗？""你是怎么去的？""怎么买到票的？"总之，大家都好奇这我是何方神圣，对我产生了强烈的兴趣。

只要提出帮对方安排和他欣赏的人一起打高尔夫球，对方说"我一定要去"的概率会很高。比如，有一次，我正好有机会和一位年销售额超过1亿日元的"超级企业家"聊天，对方很喜欢棒球和高尔夫球，我讲了有关名人赛的话题以后，对方表现出很感兴趣。这时，我就说出和我关系要好的棒球选手的名字，问他"要不要帮您约他一起打高尔夫球"（利用高尔夫球和棒球的乘法效应把价值最大化）。这样，即使是平常不把我放在眼里的名人，也几乎都会立刻同意。而且，为了方便调整日程，我们还互相加了连我好友，成为不用通过秘书就能直接联系的朋友。

进入对方人生的时间轴

和我打完一场高尔夫球以后，就不会有人把我当成只是个卖保险的了。无论和谁一起打高尔夫球，我都不会把打球当成应酬。高尔夫球是一项绅士的运动，我遵循这项运动的精神，和一起打球的人保持平等关系，好好享受打球的乐趣。

　　我总是用全力挥杆，无论是打出好球还是界外球，我都只说积极向上的话。我一边好好享受喜爱的高尔夫球运动，一边在球场上和大家开心地聊天。我和大家聊天时不会谈论保险，但我会跟大家分享我从TBS电视台离职的原因、在保诚人寿保险公司成为日本销售冠军以及达到"顶尖会员"级别的经历，大家听了以后会把我当成一个商务人士尊重我。

　　我在高尔夫球场不会乘高尔夫球车，全靠自己走路。我的高尔夫球服和球杆都是粉红色的，给他们留下了深刻的印象。他们不再认为我只是个销售员，而是对我这个人有了全新的认识。他们觉得"这是个有趣的人""和这个人来往会很有意思"。

　　我把这称为"进入对方人生的时间轴"。经常使用社交媒体的人应该明白这个意思，对方通过自己的好友申请后，我的推文会出现在对方的时间轴上。和这个一样，如果能让对方认为"这人很有趣""我想和他来往"，当对方有需要的时候，他就会想起我来。如果能进入对方的时间轴，当他有买保险的需求时就会联系我。就算一味地推销，我也不过是众多销售员中的一员。但是，如果进入对方人生的时间轴，接下来只需等待对方联系我说："我想买保险，金泽先生，拜托你了。"

　　要实现这个目标，最重要的是创造只有自己能提供的价值。就拿我来说，因为我特别喜欢肉类料理和高尔夫球，所以我渐渐创造出了只有我能提供的价值。不过，这只是我的情况。重要的是追求自己喜欢的东西。正因为喜欢，才能达到别人无法轻易模仿的境界。当你和别人分享这些东西时，就有了和企业经营者等人士建立关系的机会。从这个意义上来说，只有追求自己喜欢的东西，尽情享受人生，才能提高自己作为销售员的价值。

不要和损人利己的人来往

不要选错结缘的对象

我一直认为，缘分越结越广。迄今为止，我认识了很多人，有人找我买过保险，有人帮我介绍过新客户，有人帮助过我，有人带给我积极的影响，我从大家身上受到的恩情多到无法用语言形容。"多亏了这位客户，我才能认识那位客户"，这种感激之情一年比一年深。因此，我不只是把广结善缘当作销售工作的一部分，而是出于更纯粹的报恩的目的，想为眼前的人介绍结缘的对象。这样做不仅极大地拓展了我的人脉，也提高了我的业绩。

不过，也有一些需要注意的事情，那就是不要选错结缘的对象。我从惨痛的失败中学到的教训。几年前，有位年轻的男子经人介绍参加了我组织的聚餐。他给我的第一印象非常好，不但形象好，服装整洁，性格也很爽快，还是曾经打进甲子园的棒球选手。因为我很欣赏运动员，所以把他介绍给了很多人。但是，没想到这在后来引起了很大的问题。他竟然是个诈骗犯。我是从一位牙医那里得知这件事的，我曾经把那个年轻男子介绍给了这位牙医。牙医投资了他推荐的项目，但是那个项目总是不见起色，后来牙医就联系不到他了。因为是我把他介绍给那位牙医的，这件事我有责任。所以我向那位牙医深表歉意，也把这件事告诉其他通过我的介绍认识这个骗子的人，让大家小心。我还竭尽全力想找到这个男子，但是我的力量有限，没找到他。我很懊悔，遭到他的背叛，我感到很难过。包括牙医在内的受害者都接受了我诚恳的道歉，依然像以前一样和我来往。但是，直到现在，一想到当时给大家添的麻烦，我还是会感到很痛苦。

不要和"运气不好的人"来往

我又想起了一件事。我在TBS电视台工作时，有位艺人很关照我。他性格开朗，心地善良，正因为如此，他才能在竞争激烈的演艺圈活跃多年。他对我说："不要和运气不好的人来往。"

我问："运气不好的人是什么样的呢？是倒霉的人吗？还是遇事不顺的人？"他说："不是这个意思。"然后，他给我讲了他以前的经纪人的事。

这位艺人每次需要什么东西的时候，都会把自己的钱包交给经纪人，让他帮忙买回来。有一次，他发现钱包里的钱少得有点奇怪，他不记得花了这么多钱。他想了个办法，悄悄用红笔把钱包里的钱都做了记号。几天后，他对经纪人说："不好意思，今天没带钱，能借我点钱吗？"经纪人说"好的"，就把钱递给了他。他检查钞票时，发现上面果然有用红笔做的记号。他觉得很遗憾，但他立刻做出了决断："你被开除了。请你立刻离开这里。这张钞票上的红色记号是我做的。你明白是什么意思吧？"

这位艺人对我说："这种人就是我说的运气不好的人。跟这种人来往，自己的运气也会变差。如果把这种人的钱放进自己的钱包里，连自己的钱都会跟着燃烧起来。"

我对这句话的理解是，"运气不好的人"不是指失败的人，而是指骗人或做出被人戳脊梁骨的坏事的人，为了自己的利益而窃取别人东西的人，即损人利己的人。如果和损人利己的人来往，自己的运气变差也是很正常的事。因为如果和"为了自己的利益而窃取别人东西的人"来往，我就会变成被"偷窃"的一方。而且，这种人肯定也想窃取我身边其他人的东西，这样一来，和我有来往的优秀的人肯定会纷纷远离我。这是多么可怕的事啊。

我一直都在增加信任我的客户基数，帮这些信任我的人牵线搭桥。也就是说，我建立的是以信任为基础的社群。但是，如果这个社群里混进了损人利己的人，就会出现不信任我的人，最后社群便会瓦解。到那时候，不仅我的销售工作无法进行下去，我的人生也会受到很大的伤害。

将利人利己的人聚在一起

我认为世界上有两种人，一种是损人利己的人，另一种是利人利己的人。损人利己的人，就像前文介绍的那样，是为了自己的利益而窃取别人东西的人。利人利己的人，是懂得"给别人带来利益，自己也会受益"的人。

如果一个人的利益得不到保障，那他就会活不下去。所以，为自己谋求利益完全没有错，或者说，无法为自己努力的人才是真的不行。无法为自己而努力的人，也无法变成为周围的人而努力的利人利己的人。所以，首先要重视自己。而损人利己的人通过从别人那里窃取东西获取利益，即使暂时成功了，这样的成功也无法长久维持下去。长期过得顺利的人，是懂得"给别人带来利益，自己也会受益"的利人利己的人。

当然，在利人利己的人中也有无法成功的例子。那是因为他们和损人利己的人来往，被单方面地剥削了。只要停止和损人利己的人来往，只和利人利己的人来往，他们的人生就会发生很大的变化。如果帮助能为他人而努力的人，对方肯定也会付出回报。就算自己没有得到回报，对方也肯定会为他人付出。利人利己的人聚在一起，社群就会不断丰富壮大。

所以，我只和利人利己的人来往，我的时间也只留给利人利己的人。为了避免损人利己的人混入自己的社群，我会小心把关。如果需要找人参加我组织的聚餐或高尔夫球比赛，或打算给客户介绍某个人时，我一定会先和那个人见面，仔细听他讲话，谨慎判断那个人是不是损人利己的人。

当然，这只是我的主观判断，很难做到100%准确。但是，从这个人的经历到他说的所有话，如果有不对劲的地方，一般我是能察觉到的。比如，前面提到的那个曾经打进甲子园的诈骗犯，后来仔细想想，就会发现他说的话有很多前后矛盾的地方。如果不是非常聪明的人，很难把谎言编得完美无瑕，肯定会有破绽，或是留下让人有疑虑的地方。为了保护与我结缘的利人利己的人，我会基于自己的判断与责任，与我认为是损人利己的人保持距离，不会让他进入我的社群。

我对客户也是采取同样的方法。即使是看上去财务状况很好、或许会找我买高额保险的人，如果我不知道对方的收入是做什么得来的，我也会拒绝他从我这里买保险。因为我担心如果把来历不明的钱放进钱包里，"我的钱也会燃烧起来"。与其用这样的钱提高业绩，不如每天脚踏实地积累收入渠道正规、利人利己的人的保单，就算只是小额保单，也会让我的运气变得更好。重要的不是对方收入的多少，而是他的生活方式。

如果我能建立只有利人利己的人的社群，这将能给我带来很大的影响力。因为如果大家认为"我很放心金泽先生组织的聚会，我会带重要的朋友参加""如果把朋友介绍给金泽先生，就能结下更多的美好缘分"，我的社群也会不断成长壮大。为了实现这个目标，我必须好好探索利人利己的生活方式。

活出自己的人生

私人生活越充实业绩就越高的原因是什么

前文中提到过，我在用不同的颜色管理日程，不过，当我的工作方式转向认识以企业经营者为代表的人士后，代表私人行程的粉色区域的面积渐渐增加了。到最后，几乎整本手账都涂满了粉色。为什么会变成这样呢？因为我和他们见面时，不推销保险，也几乎不会谈论有关保险的话题。我们只会聊些与保险毫不相关的话题，或者一起开心地聚餐、打高尔夫球。与其说这是工作，不如说是私人行程。因此，客户才觉得与我见面很有意义。

比如，前几天一位和我关系很好的客户邀请我参加高级进口车的试驾会。因为我不是为了推销保险而去参加的，所以我在日程手账上写计划时，涂的是表示私人行程的粉色。而且，我觉得如果带孩子们一起去参加，他们肯定会很开心，于是就带全家一起去参加了试驾会。因为这是私人行程，所以我穿的不是西装，而是粉色的日常服装。孩子们和我一起坐上漂亮的高级进口车，非常开心。

虽然我把这次活动当作私人行程，但试驾活动的主办者还是不断介绍来参加试驾会的客户给我认识。我本来只是把这次活动当作私人行程来玩一玩，却认识了很多高收入的人。

要做到与一般销售员不同

如果只是做着一般销售员的工作，我很难有机会认识高收入的人。因为他们不愿意与销售员见面，即使见面了，也会说"我已经买了保险了"，通常销售工作到此就结束了。但是，如果高级进口车的试驾会的主办者把我以"受邀试驾者"的身份介绍给其他客户，我就能从完全不同的入口进入高收入人群的世界，与他们建立关系。如果能打通高质量的人脉，就算只是私人行程，也能不断广结善缘。所以，我逐渐减少跑业务的工作，开始优先安排用粉色荧光笔标记的私人行程。

当信任我的高收入人群的客户基数积累到一定程度时，即使我不刻意推销，也会有不断有熟人来问我："金泽先生，我想买保险，能跟您商量一下吗？""我有朋友在考虑买保险，您能跟他聊聊吗？"而周围的人看到我现在很少在外面跑业务，会感到很困惑："金泽先生看起来总是在玩，为什么业绩却一直能遥遥领先呢？"其实，这没什么好奇怪的。只有我多年来用心经营的缘分积累到一定程度，"馅饼"才会以保单的形式从天上掉下来。

销售工作就是让客户买"我这个人"

到这里为止，我写的是我作为保诚人寿保险公司的销售员所做的一切。总之，我不是一味地推销保险，而是为了增加信任我的客户基数，深入思考，拼命努力工作。销售的本质不是销售产品，而是让客户买"我这个人"。让客户买"我这个人"，就是让客户主动说"我想找你买"。所以，不仅是卖保险，就算是卖房子或卖车，不管卖什么，我都有自信能卖出去。

那么，要想让客户买"我这个人"，最重要的是什么？我认为，最重要的是活出自己的人生。因为之前认为我很有趣，信任我的人们，都是对我的人生感兴趣、愿意支持我的人。

我在前文中多次提到，我之所以离开TBS电视台，是因为我明明是靠着电视台的招牌才受人尊敬的，却有种好像自己很了不起的错觉，当我意识到这一点以后，觉得这样很不光彩。还有一个原因是我在京都大学美式橄榄球队时没有认真打球，感到非常后悔。于是，我加入了保诚人寿保险公司，经历了无数次的失败与挫折，过着"睡袋生活"，终于拿到了日本销售冠军。我想，这是因为我拼命努力的样子引起了很多人的共鸣，所以他们才愿意支持我的。

这只是一部分原因。其实，我想做保险销售员还有一个原因，那就是我的前半生都和运动分不开。和普通的少年一样，我从小就崇拜运动员，看完电视上转播的比赛的第二天，在学校还会和朋友一起模仿喜欢的运动员。我越来越喜欢运动，初中和高中时热衷于打棒球，上大学时热衷于打美式橄榄球。

后来，我进入TBS电视台工作，负责体育节目相关的栏目。我在体育比赛的现场接触到很多运动员，在这个过程中，我感受到一件事，那就是退役的运动员中很少有人比现役的运动员神采奕奕。

运动员从小就把自己的一切都献给了运动，远比其他人要努力。但是，反过来说，这也代表他们除了运动以外什么都不懂。因此，很多运动员退役以后，无法适应社会，过得很辛苦。有些运动员年轻时就拿到了高额的年薪，金钱观出现了问题。如果能长年活跃在一线倒还好，但是这样的运动员只有极少数。如果运动员带着有问题的金钱观，年纪轻轻就不得不退役，进入社会以后会无法适应社会，今后人生也可能会过得非常辛苦。

我从在TBS电视台工作时就一直想解决这个问题。我希望自己崇拜的运动员们在退役以后也能依然过得很好。因此，我想，如果他们遇到了难题却没有找到解决方案，就由我来想出这个难题的解决方案吧。

为了帮运动员好好守住钱财，我做了人寿保险销售员。我加入保诚人寿保险公司以后，除了做销售员的工作，我还经常和认识的律师、税务会计师等人合作，为运动员提供与金钱相关的咨询。不过，只是守住钱财还不够，为了让退役后的运动员也能社会上大显身手，我深切地体会到有必要给他们提供机会和场所，让他们一边工作，一边学习社会上的事情。但是，我不知道怎样才能把这个想法做成一项事业。于是，我找通过工作认识的企业经营者们商量这件事。这些企业经营者都是一边描绘着愿景，一边为了实现愿景而拼命努力的人，所以我跟他们商量的时候，他们能与我产生共鸣，和我一起深入思考，给予了我很多帮助。

我把"让退役后的运动员也能拥有闪闪发光的人生"当作自己的终身事业，得到了很多人的支持与帮助。对此，我由衷地表示感谢。所以，我认为销售产品不是销售员的工作。因为我想努力活出自己的人生，所以支持我的人出现了。当支持我的人需要那种产品时，他们就会对我说"我想找你买"。这时，才是开始做销售员工作的时候。

后记 ⊘

　　写完本书后，我再次认识到，销售真的是一份很棒的工作。做了销售员以后，我的思维方式、生活方式和心态都发生了很大的变化。因为做了销售员这份工作，所以我才遇到了全新的自己。

　　我在TBS电视台工作时，只要递出名片就能受人尊敬。但是，我刚做销售员时，就有很多以前认识的人离开了我，别说是与他们见面了，连联系都联系不上。在这种情况下，我才第一次为别人愿意与我见面而由衷地感到高兴，当别人愿意帮我介绍新客户时，我也由衷地感谢对方，心想，多亏了这个人帮忙，我才认识了那个人。在我开始做出成绩时，妻子对我说"你变得经常说谢谢了"，这也让我很开心。

　　我认为是销售这份工作让我获得了成长。怀着感恩的心情，我把在销售工作中学到的东西写进了本书。我想与大家分享的经验很简单，那就是能量越用越多，缘分也越结越多，能力不用就会退化。所以，不要吝啬这些东西，都拿出来用吧。

每个人都有上天赋予的能力，我也有我的能力。所以，我想把我的能力最大限度地发挥出来，为自己努力。只有自己充满了能量，才能为周围的人而努力。如果只是觉得自己幸福就行了，是无法获得真正的幸福的。当我深切体会到这一点以后，销售工作才开始变得顺利。

2020年10月底，我从保诚人寿保险公司离职，创办了AthReebo公司。公司名里包含着"运动员（athlete）一生都能大显身手、获得重生（reborn）的地方"的寓意。运动员的巅峰绝不会仅仅停留在现役时代。无论是运动员自己还是其他人，都普遍认为退役后的人生是运动员的"第二人生"，但是我们公司开展了一些活动，希望能颠覆这种既定观念，推广"退役后人生更上一层楼"的观念。

运动员不是只会运动，而是他们之前的生活里只有运动。但是，他们也有很多需要解决的大难题。有的人是"以前没做过不想做的事"，还有很多人是"以前没定过运动以外的目标"。我想打造一个地方，能让运动员一边工作，一边学习社会上的事情，例如怎样做生意和经营事业等内容。为此，我开了一家叫"大阪酱汁烤肉丸29"的烤肉店。做生意的原则是"让眼前的客人开心，成为这家店的粉丝"，最能让人近距离体验这一点的地方就是餐饮店。在这里，店家能当面对客人说"谢谢"，也能听到客人说"谢谢"。餐饮业可以说是社会的缩影。现在已经有退役的摔跤运动员在店里努力工作，请大家一定要支持他。

我还组建了一支由退役运动员组成的"最强销售队"。我把自己在销售工作中得到的实际体验和培养出来的思维方式传授给他们，希望他们能掌握靠自己的力量也能活下去的技能和思维方式。另外，我还创建了新的平台，让顶尖运动员能创造出无可替代的价值，通过与社会的联结，给他们带来收益。我还想用所得收益的一部分为社会做贡献，让所有的孩子都有接触体育活动的机会。

或许有人会问："你为了运动员，就这样放弃了自己作为优秀销售员的成功地位吗？"我这样做绝对不是为了运动员。这些都是我自己想做的事情，我想让自己崇拜的运动员退役以后也依然能闪闪发光。我只是为了实现自己的愿望才做了这些事情。而且，只有学会放手，机会才会降临。我从早稻田大学退学的时候，还有从TBS电视台时候，都是放手以后才开辟出了新的道路。如果一直紧握着手，就无法抓住新的东西。放手的东西越大，得到的东西就越大。

此外，我认为做出成绩是对帮助过我的同学及同事的人的最好回报。我想用成绩回报养育我的父母，京都大学美式橄榄球队、TBS电视台、保诚人寿保险公司，以及所有关照过我的人。我想用在销售工作中培养出来的思维方式开拓今后的人生。

感谢本书的编辑、钻石出版社的田中泰，以及前职业棒球运动员高森勇旗，谢谢你们的关照。以前，我曾对高森勇旗说："如果我要出书，就请你帮忙。"现在，这件事实现了，我真是太开心了。

也感谢AthReebo公司的伙伴们一直支持我，特别是说了一句话就让我下定决心成为日本销售冠军的草山贵洋。草山贵洋和我同期加入保诚人寿保险公司，还在我打算成立AthReebo公司时愿意和我一起出来创业，真的非常感谢。感谢白石隆登帮我检查本书的原稿，也感谢由纪促成我从保诚人寿保险公司离职。京都大学美式橄榄球队、TBS电视台、保诚人寿保险公司的同学及同事们给了我很多关照，谢谢包括你们在内的迄今为止我认识的所有人。

最后，感谢我的父母让我在充满爱与自由的环境中长大，没有你们就没有我的今天，我为有你们这样的父母而感到自豪。也谢谢我的妻子明子、长女帆杏、长子荣己、次子荣将一直以来对我的支持。正是因为有这样温馨的家庭，我才能全力以赴地工作。这一切都多亏了明子的宽容大度，我会用更好的成绩来回报她。

现在是我的创业初期，就像刚开始做销售员时一样，有很多要用积极的态度去"记恨"的事。我还有很多地方需要努力，一切才刚开始，我的人生才刚做完"热身运动"。所以，我会把过去结下的善缘当作宝贵的人生资产，竭尽全力为这个世界创造新的价值。

衷心感谢读到最后的读者们。在自己的人生中，自己才是主角，让我们全力以赴地活下去吧。